UNCINETTO PER PRINCIPIANTI

L'ultima guida completa per imparare velocemente l'uncinetto

Maria Nandelli

Tutti i diritti su questo libro sono riservati. Nessun permesso viene dato per qualsiasi parte di questo libro per essere riprodotto, trasmesso in qualsiasi forma o mezzo, elettronico o meccanico, memorizzato in un sistema di recupero, fotocopiato, registrato, scansionato, o altro. Qualsiasi di queste azioni richiede il permesso scritto dell'editore.

Tutti i diritti riservati

Copyright

Maria Nandelli

Disclaimer

Tutta l'erudizione contenuta in questo libro è data solo a scopo informativo ed educativo. L'autore non è in alcun modo responsabile dei risultati o degli esiti che derivano dall'uso di questo materiale. Tentativi costruttivi sono stati fatti per fornire informazioni che siano accurate ed efficaci, ma l'autore non è vincolato per l'accuratezza o l'uso/abuso di queste informazioni.

Tabella dei contenuti

INTRODUZIONE 7

CAPITOLO 1 9

Capire l'uncinetto 9

Cosa significa lavorare all'uncinetto? 9

Maglia e uncinetto, qualche differenza? 10

Vi consiglierò di scegliere l'uncinetto invece del lavoro a maglia? 13

Qualche vantaggio nell'uncinetto? 13

CAPITOLO 2 16

Forniture per l'uncinetto 16

CAPITOLO 3 29

Alcuni altri punti degni di nota nell'uncinetto 29

Come tenere il gancio quando si lavora all'uncinetto 29

Lato destro e lato sbagliato di un pezzo all'uncinetto 32

Come differenziare il davanti e il dietro di un punto catenella 33

Frogging (disfare l'uncinetto) 35

Alcuni errori di uncinetto e come evitarli. ... 37

Usare il calibro dell'uncinetto 40

CAPITOLO 4 42

Tipi di uncinetto 42

CAPITOLO 5 69

Istruzioni per l'uncinetto.................................. 69

Capire le istruzioni dell'uncinetto................ 69

Grafici dei simboli dell'uncinetto e loro significati   71

CAPITOLO 6..73

Come fare alcuni punti base all'uncinetto.......73

1. Come fare un nodo di slittamento......... 76
2. Come fare un punto catenella (ch)........ 78
3. Come uncinetto singolo (sc) 80
4. Come fare un mezzo doppio uncinetto (Hdc)?   88
5. Come fare un punto a doppio uncinetto 94
6. Come lavorare all'uncinetto un punto triplo   97
7. Come fare un doppio punto treble crochet (Dtr)? 99
8. Come fare il punto di postura posteriore usando un doppio punto di uncinetto. (BP Dc) 102
9. Come fare il punto del palo anteriore usando il doppio uncinetto - il doppio uncinetto del palo anteriore (FPDC)..104

CAPITOLO 7..107

Alcuni altri punti e come realizzarli 107

Come fare un cerchio magico 107

Come fare un punto a sbuffo (Puff St) 111

Come chiudere (terminare un pezzo di lavoro all'uncinetto)... 115

CAPITOLO 8..116

Uncinetto per mancini...................................116

Yarn Over e punto a doppio uncinetto per un crocheter mancino 119

Come capire i modelli all'uncinetto per mancini   125

CAPITOLO 9 128

Alcuni modelli all'uncinetto 128

La coperta per bambini Junebug stitch sampler.   129

Come fare una sciarpa all'uncinetto per i principianti.
.... 133

Ora, passiamo a un livello di difficoltà superiore.   139

Un cuscino a fiocco di neve all'uncinetto ... 139

INTRODUZIONE

L'abbigliamento può essere realizzato con molti mezzi, e uno di questi è l'uncinetto. Alcuni degli altri metodi includono la tessitura, l'incollaggio e quello che è strettamente legato all'uncinetto, il lavoro a maglia, ecc. L'uncinetto si è comunque evoluto dal processo di fare solo vestiti a fare altre cose decorative. Questo significa che potresti non voler fare un vestito all'uncinetto per il tuo bambino, ma puoi effettivamente decorare la sua cameretta con roba all'uncinetto. E perché non farle comunque un vestito all'uncinetto? Posso scommettere che le starà sicuramente bene.

Crotchet è sicuramente un modo divertente per uscire dalla noia. Non c'è più bisogno di stare in ozio perché puoi fare qualcosa di bello durante i tuoi momenti liberi. Puoi prendere una pausa dal lavoro e mentre ti godi i tuoi film preferiti su Zeeworld, tieni un gancio e un filo nelle tue mani e fai una coperta accogliente.

Amigurumi.today

CAPITOLO 1

Capire l'uncinetto

Cosa significa lavorare all'uncinetto?

Una definizione di cosa sia l'uncinetto potrebbe essere un ottimo modo per iniziare. Dovresti essere in grado di definire quello che fai, giusto?

Secondo Wikipedia, *è un processo di creazione di tessuti utilizzando un uncinetto per interconnettere anelli di filato, filo o fili di altri materiali.*

Etsy.com

Dai miei studi finora, penso che il filato sia il materiale più comune che si usa all'uncinetto. Accanto ad esso c'è il filo per uncinetto.

Lavoro a maglia e uncinetto, c'è differenza?

Per un occhio informato, i lavori a maglia e all'uncinetto sono la stessa cosa. Tuttavia, lavorare a maglia non è la stessa cosa che lavorare all'uncinetto. Sono due cose diverse. L'uncinetto sembra richiedere meno tempo rispetto al lavoro a maglia. Osservando attentamente entrambi, i punti all'uncinetto di solito prendono la forma di un aspetto annodato come i lavori a maglia, come se si disponessero tante 'V' in linea retta.

Qui di seguito ci sono altre differenze:

	Uncinetto	Lavoro a maglia
1	La maggior parte dei tipi richiede solo un uncinetto	Richiede almeno due spilli o ferri da maglia
2	Fatto solo a mano	Fatto a mano. Ma può anche essere fatto da un telaio o da una macchina
3	La produzione di massa è un po' difficile perché è fatta solo a mano.	La produzione di massa è abbastanza facile perché si possono usare delle macchine.
4	I punti sono abbastanza grandi	I punti sono generalmente più piccoli dell'uncinetto.
5	È più facile rana	È più difficile rana

Lavoro a maglia

Eventbrite.sg

Uncinetto

Thesprucecrafts.com

Ai principianti consiglio di usare una tonalità chiara di filato di cotone pettinato per lavorare all'uncinetto.

Questo vi aiuterà a vedere il vostro lavoro venire fuori più velocemente. È anche perché è più facile da ranocchiare, e non si può escludere un errore nel lavoro di una principiante.

Amazon.com

Vi consiglierò di scegliere l'uncinetto piuttosto che il lavoro a maglia?

Alla fine è una scelta che devi fare tu, però. Il lavoro a maglia e l'uncinetto sono entrambi mestieri di filato e richiedono un po' di tempo per finire. Ma se scopri che non sei molto paziente e non ti piace fare errori, specialmente quelli che richiedono più tempo per essere corretti, ti consiglierò sicuramente di dedicarti all'uncinetto e abbandonare il lavoro a maglia (o almeno per il momento).

Se ti piace esprimere la tua creatività nei tuoi modelli e non vuoi spendere molti soldi in forniture, ti conviene l'uncinetto (anche con le tue dita e un filo, sei a posto!).

Qualche vantaggio nell'uncinetto?

Molte persone lavorano all'uncinetto per passare il tempo. Se fai parte di questa categoria, devi sapere che ti stai facendo un gran bene. Non solo il tempo che passate a fare diversi disegni vi aiuta a ridurre lo stress corporeo accumulato e l'ansia, ma vi aiuta anche a:

1. Sentirsi appagati. Ti dai una pacca sulla spalla quando hai finito un particolare progetto. Immaginate di creare qualcosa solo da un gancio e un filo?
2. Alleviare la depressione: ora, c'è qualcosa di creativo e costruttivo a cui stai pensando. Avrete meno o nessun tempo per i pensieri distruttivi e depressivi. È stato dimostrato che fare qualcosa che ti piace fare fa sì che il cervello secerna ormoni come la dopamina e la serotonina. La dopamina funziona come un antidepressivo, facendovi sentire bene.
3. Sii felice: I lavori all'uncinetto quando sono ben fatti sono molto belli. Sarete felici di essere la mente dietro una bella opera d'arte.
4. Potreste ricavarne un reddito extra. Specialmente in climi in cui la gente deve fare due o tre lavori per sbarcare il lunario, la vendita di bei pezzi all'uncinetto potrebbe essere una fonte di reddito per il crocheter.
5. Rallentare o prevenire del tutto la perdita di memoria: la perdita di memoria può essere

rallentata quando si partecipa ad esercizi logici, come l'uncinetto.

Inoltre, aiuta a sviluppare la motricità fine. Le persone che hanno l'artrite potrebbero fare bene a considerare l'uncinetto come un hobby. Aiuterà a mantenere le loro dita agili. Il mestiere dell'uncinetto vi renderà più pazienti. Non c'è fretta in realtà, può essere fatto solo con le mani, quindi vi aiuterà ad imparare che alcune cose richiedono tempo. Lavorare sui punti nel tempo vi aiuterà anche ad avere un senso di concentrazione e a prestare attenzione ai dettagli. Non prestare attenzione ai dettagli potrebbe portare alla frogging.

La lista è quasi infinita in realtà, ma concentriamoci di più sul pomo della discordia - di cosa avete bisogno per lavorare all'uncinetto con successo?

CAPITOLO 2

Forniture per l'uncinetto

Nessun mestiere non richiede alcuni materiali di base per iniziare. L'uncinetto non è diverso. È bene sapere che i materiali per l'uncinetto non sono quelli che sono inverosimili. Puoi entrare in un negozio di arti e mestieri e procurarteli.

Cominciamo con il più importante di tutti: **il filato.**

1. Non c'è un uncinetto senza **un filato,** e il colore e lo stile del filato usato influenzerà il prodotto finale dell'uncinetto. È molto importante che siate molto attenti alla scelta del filato. Per i principianti, si può iniziare con filati dai colori vivaci. Quando si scelgono i tessuti, si potrebbe non essere quello di andare per i colori brillanti, ma quando si tratta di imparare come uncinetto, i colori brillanti dovrebbero essere la vostra opzione preferita. È meglio lavorare con un colore brillante perché ti

aiuterà a sapere meglio dove inserire il tuo gancio. Quando lavorate anche con colori brillanti, cercate di non usare un filato multicolore in modo da non confondervi.

Dei bei filati dovrebbero senza dubbio produrre dei bei pezzi all'uncinetto. Ma al di là del filato che determina il risultato di ogni sforzo all'uncinetto, la destrezza del crocheter ha un grande ruolo da giocare.

Aliexpress.com

Come si fa a sapere il filato giusto per un progetto all'uncinetto?

I filati possono essere classificati in base alle loro materie prime. Si può trattare di prodotti naturali (piante e fonti animali) o artificiali (sintetici). I filati naturali potrebbero essere alpaca, lana, cotone, bambù, seta, cashmere o lino.

I filati sintetici possono essere fatti da fibre di poliestere, acrilico o nylon.

C'è anche una terza categoria: il filato misto che è fatto da una combinazione di fibre naturali e sintetiche.

Parliamo di tre dei tipi che sono adatti per iniziare a lavorare all'uncinetto.

- Filato acrilico: Credo che questo sia il tipo di filato più comune. È conveniente e abbastanza facile da mantenere e sarà ancora bello dopo un lungo periodo di utilizzo. Può essere un ottimo materiale di partenza per una coperta. L'uso del filato acrilico non è limitato all'uncinetto, può essere usato per altri scopi, per esempio per le extension.
- Il cotone come materiale è leggero e lo stesso vale per i filati di cotone. I vestiti per bambini possono essere fatti con filati di cotone, così come altri lavori all'uncinetto leggeri.

- La lana è piuttosto voluminosa, quindi può essere ottima per la stagione fredda. Puoi usarla per fare cardigan all'uncinetto, cappelli, ecc. La lana è anche ottima per un crocheter principiante a causa delle sue dimensioni.

Si prega di notare che l'istruzione specificherà molto probabilmente il filato da usare. Nei casi in cui non è specificato, puoi seguire le linee guida di cui sopra.

Comunque, per iniziare, puoi usare qualsiasi filato che ti va bene (colorato e voluminoso però). Una volta che la padroneggiate, potete passare l'apprendimento della pratica ad altri tipi di filato. Questo perché diversi modelli di uncinetto richiedono diversi tipi di filato.

Cura del filato

Dovreste prendervi cura del vostro filato. Le istruzioni sulla copertina dovrebbero dirvi come fare. Questo ti aiuterà anche a sapere come curare il tuo lavoro all'uncinetto quando è finito.

Differenza tra un filo per uncinetto e un filo per uncinetto.

Ricordate che nella nostra definizione di uncinetto, abbiamo detto che i disegni all'uncinetto possono essere fatti con altri materiali oltre al filato? Bene!

Come già stabilito, l'anno è il materiale più importante usato nell'uncinetto. Tuttavia, un filo per uncinetto potrebbe essere un'altra superba alternativa per fare bei pezzi all'uncinetto.

Quando si lavorano disegni delicati come centrini e tovaglie, un filo per uncinetto sarà più utile. Si prega di notare che i fili per uncinetto non sono uguali a quelli per cucire. I fili per uncinetto sono generalmente più spessi di quelli usati per cucire.

Fili di cotone per uncinetto

ebay.com

Filati all'uncinetto

Centralbeads.com

A differenza dei filati, non è consigliabile annodare i fili dell'uncinetto. Cosa succede allora quando si finisce il filo mentre si è ancora su un progetto? Appena prima di finire, mettete il nuovo filo sopra quello vecchio e lavorate alcuni punti all'uncinetto sopra quello nuovo. Iniziare a usare il nuovo appena prima che il vecchio finisca (lavorare il nuovo sopra il vecchio). Usa un ago da uncinetto per tessere la coda del vecchio filo nel pezzo all'uncinetto e continua a lavorare con il nuovo filo.

Vediamo alcune delle altre differenze tra i due materiali:

	Filo per uncinetto	**Filato all'uncinetto**
1	Generalmente leggero	Generalmente più spesso
2	Per lavori all'uncinetto piccoli e dettagliati	Può essere usato per design più ingombranti
3	Un filo sottile e fine richiederà sicuramente più tempo per lavorare all'uncinetto	Rispetto al filo, ci vuole meno tempo per lavorare all'uncinetto.
4	Più alto è il numero della dimensione del filo, più sottile è il filo	Più alto è il numero, più spesso è il filato
5	Più alto è il numero della taglia dell'amo, più sottile è il filo che dovrebbe essere usato con esso	Più alto è il numero della taglia dell'amo, più voluminoso è il filo che dovrebbe essere usato con esso

Per le principianti dell'uncinetto, tuttavia, consiglio di non iniziare a imparare l'uncinetto con un filo. Invece, iniziate con un filato all'uncinetto. In effetti, un filato voluminoso in modo che il vostro lavoro possa "uscire più velocemente", non vi scoraggerete facilmente, e sarete ancora in grado di risolvere gli errori.

2. **Uncino Crotchet:** *Crochet*, in francese, significa "piccolo gancio". I ganci da uncinetto sono di varie dimensioni e possono essere fatti di legno, plastica o alluminio. Prendine uno che ti piace e lavoraci. Come principiante, potresti, tuttavia, considerare di iniziare con il gancio di plastica o un gancio di alluminio. Potresti anche considerare una taglia G o H per iniziare.

Scegliere il miglior gancio per il tuo progetto

Poiché gli uncini per uncinetto sono disponibili in diverse dimensioni, conoscere il migliore per il vostro progetto potrebbe rivelarsi difficile. Beh, non lo è. Dovete solo controllare le istruzioni per il modello che state per fare per conoscere la dimensione corretta del gancio da usare per esso. Anche se potreste avere solo una misura quando iniziate a lavorare all'uncinetto, dovreste avere altre misure man mano che il tempo passa e imparate a fare punti piuttosto complicati.

Le misure dei ganci possono essere numeri, millimetri o lettere (alfabeti).

Una regola generale è che "più sottile è il filato con cui si lavora, più piccola è la dimensione dell'amo che si deve scegliere".

Questo è l'opposto per il filo, "più sottile è il filo con cui si lavora, più alto è il numero dell'amo che si dovrebbe scegliere".

3. **Un marcatore di punti: si tratta di** un oggetto che serve per segnare i punti sui lavori all'uncinetto in

corso. Questo può essere molto utile quando si commette un errore nel lavoro, e si vuole fare il frogging. Un marcatore di punti vi impedirà di alzare il punto oltre il necessario. Può anche aiutarti a sapere dove è iniziata una riga o un giro.

Marcatori di punti

Aliexpress.com

4. **Un nastro di misurazione:** sicuramente avete in mente una misura per il progetto che state per intraprendere. Potete usare il nastro per ottenere una maggiore precisione.

Un metro in una bella copertina all'uncinetto

Dailycrochet.com

5. **Un ago per rammendare**: questo grande ago smussato si usa per rammendare i lavori all'uncinetto e lavorare la coda dei pezzi all'uncinetto.

Aghi da rammendo

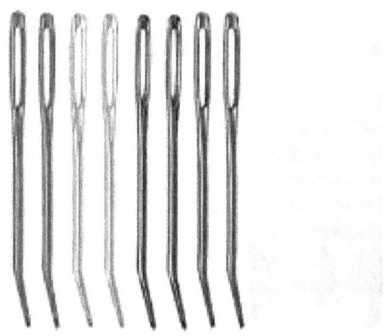

Amazon.com

6. Un paio di forbici.

7. Una borsa per le tue forniture: sicuramente non vuoi cercare in giro per casa ogni volta che vuoi lavorare all'uncinetto. La tua borsa delle forniture ti

renderà più facile trovare tutto ciò di cui hai bisogno in qualsiasi momento. Protegge anche il tuo lavoro perché puoi riporre in sicurezza i tuoi progetti non finiti in questa borsa. Voglio credere che vorresti tenere i tuoi progetti lontano dal tuo nipote bambino il più possibile per impedire loro di frodare involontariamente.

8. Una guida ai punti all'uncinetto.

9. Patterns in modo da poter sperimentare nuovi disegni: I modelli per diversi lavori all'uncinetto sono disponibili per la vendita. Dovreste procurarveli per provare nuovi punti. Ci sono anche modelli gratuiti online con cui si può lavorare.

10. Un contatore di righe digitale: Man mano che progredisci nel tuo viaggio all'uncinetto, puoi prendere in considerazione l'idea di procurarti un contatore di righe digitale in modo da non dover contare le tue righe manualmente. Un contatore digitale può essere fissato al tuo dito mentre lavori all'uncinetto.

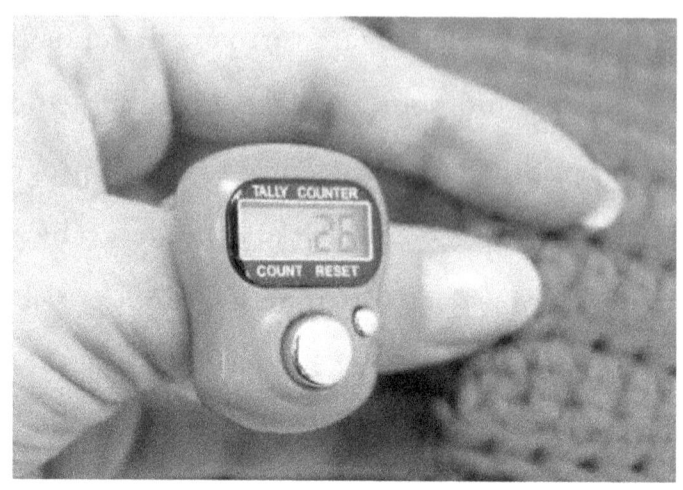

Yarnplaza.com

CAPITOLO 3

Alcuni altri punti degni di nota nell'uncinetto

Come tenere il gancio quando si lavora all'uncinetto

È molto importante che il gancio sia tenuto correttamente mentre si lavora all'uncinetto. Questo ridurrà l'incidenza del dolore al polso e farà sì che il lavoro vada avanti senza problemi. Ci sono due metodi principali menzionati nella letteratura sull'uncinetto. Sono la presa a matita e la presa a coltello.

- **La presa a matita:** Un modo di impugnare il gancio è quello di tenerlo con il pollice, l'indice e il medio. Si può imitare il modo in cui si tiene la matita per scrivere.

Il portamatite

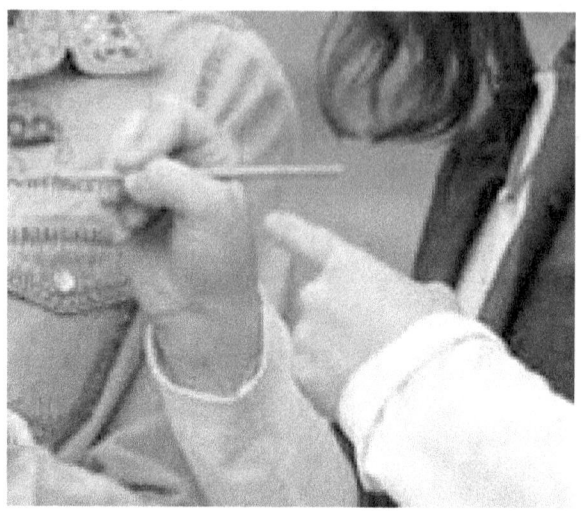

Interweave.com

- **La presa del coltello:** Puoi anche tenerlo come il tuo coltello, con il palmo della mano sul manico, le tre dita avvolte intorno ad esso e l'indice rivolto verso la testa del gancio. (Vedi illustrazione)

La presa del coltello

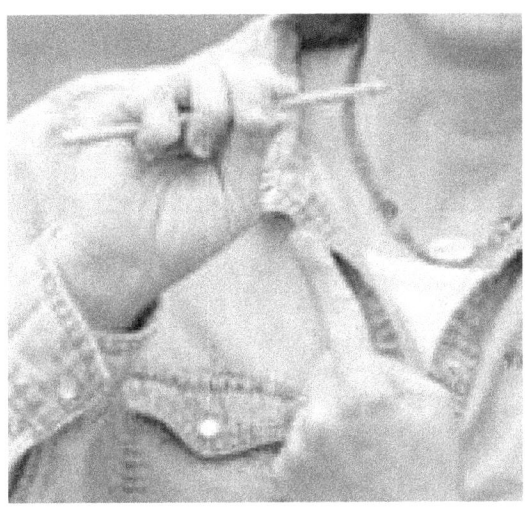

Interweave.com

Quale dei due metodi menzionati sopra è migliore?

Nel senso reale, tutti noi abbiamo modi diversi di maneggiare le cose. Tutti noi teniamo le nostre matite per scrivere in modo diverso, ed è parte di ciò che spiega le differenze nella scrittura. Due persone diverse potrebbero anche avere modi diversi di tenere il coltello. Quindi, vi dirò di trovare lo stile che fa per voi e di lavorare all'uncinetto!

Lato destro e lato sbagliato di un pezzo all'uncinetto

Nell'arte dell'uncinetto, lavorare dalla parte sbagliata può portare l'uncitrice a commettere degli errori e quindi a fare il frogging. Lavorare sul lato sbagliato può anche dare un risultato all'uncinetto che è completamente diverso da quello che l'uncitore aveva in mente (o nella foto).

Come si evita di lavorare sul lato sbagliato di un pezzo all'uncinetto?

Potete evitarlo non facendo nessun lavoro all'uncinetto sulla coda del filato. La coda del filo è la lunghezza del filo tra il tuo pezzo e il gomitolo o la matassa di filo.

Affinché il pezzo sia sul lato destro, la coda dovrebbe essere nell'angolo in basso a destra.

Come differenziare il davanti e il dietro di un punto catenella

Mentre alcune autorità vi diranno di lavorare dal dietro verso il davanti, altre potrebbero istruirvi a fare il contrario. Inoltre, mentre alcuni vi chiederanno di fare solo il cappio anteriore (flo), il solo cappio posteriore (blo) potrebbe risultare essere l'obiettivo di altre guide didattiche. Non seguire queste istruzioni potrebbe portarvi a finire con un lavoro diverso da quello che avevate in mente prima di iniziare.

La parte anteriore di un cappio assomiglia a delle V sedute una sull'altra, mentre la parte posteriore assomiglia a delle gobbe.

Fronte di una catena

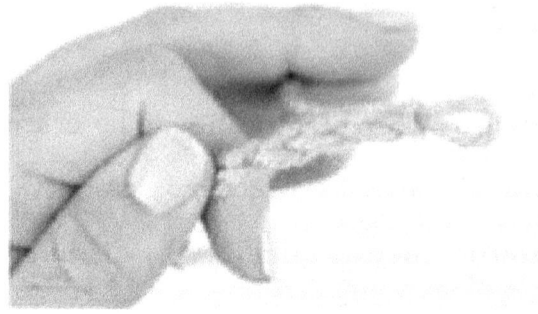

Nickishomemadecrafts.com

Retro di una catena

Nickishomemadecrafts.com

Frogging (disfare l'uncinetto)

Frogging in termini di uncinetto significa semplicemente correggere un errore. I punti che sono stati fatti all'uncinetto per errore possono essere strappati e rifatti. Devi solo essere paziente e gentile con il tessuto quando lo fai. Il frogging può essere facile e doloroso allo stesso tempo.

Dovete solo tirare fuori il vostro gancio e strapparlo fino al punto in cui è stato commesso l'errore e continuare di nuovo. Si può arrotolare il filato alato in un gomitolo o intorno a un materiale per evitare che si aggrovigli. La cosa più dolorosa? Non c'è altra scelta che rifarlo non appena si verifica la frogging! Si consiglia di segnare il punto in cui si deve smettere di frogging con un marcatore di punti in modo da evitare di strappare oltre il punto necessario.

Quando si esegue il frogging, non si dovrebbe essere molto veloci. Invece, per rendere il tuo frogging liscio, devi essere abbastanza lento da staccare i punti dalla base del punto e non tirare verso l'alto.

Non è impossibile che tu abbia dei nodi nel tuo lavoro (punti in cui hai dovuto unire un pezzo di filo all'altro), e quando arrivi a punti come questo, devi fare attenzione a sciogliere prima il nodo. Se è strettamente legato e non può essere sciolto, tagliatelo.

L'uncinetto può anche essere frodato interamente per recuperarlo. Si può decidere di usare il filato per fare qualcos'altro, e così il frogging diventa necessario.

Darkbluejournal.com

Alcuni errori di uncinetto e come evitarli.

Escludere completamente la possibilità di errori nel lavoro di un principiante è impossibile. Anche le persone che fanno l'uncinetto da molto tempo sono ancora suscettibili di alcuni di questi errori. Questi errori possono, tuttavia, essere mitigati. Alcuni di questi errori sono:

- Usare un filato di peso diverso da quello indicato: i filati non sono tutti uguali, variano per colore, materiali e pesi. Dovresti controllare le istruzioni per sapere quale è quello giusto da usare, in modo da non rimanere "sbalordito" dal tuo pezzo all'uncinetto quando sarà finito.
- Non contare i punti e le file mentre si procede nel lavoro all'uncinetto. Per diminuire il dolore (lol) che è spesso associato al frogging, prova a contare le tue righe e i tuoi punti mentre lavori. Un contatore di file digitale può essere di grande aiuto.
- Non capire il how-to di un progetto prima di intraprenderlo. In termini relativi, il lavoro all'uncinetto richiede tempo. Quindi, perché non sapere cosa fare prima di iniziare? Consiglio alle

principianti di leggere SEMPRE le istruzioni del modello prima di mettere l'amo al filo.

Questo vi aiuterà ad evitare stress inutile mentre continuate nel progetto. Aiuterà anche a ridurre l'incidenza di frodi o addirittura di dover abbandonare l'intero progetto.

- Lavorare con un solo occhiello: non è raro che i principianti facciano scorrere i ganci solo sotto uno degli occhielli e trascurino l'altro. A meno che le istruzioni non dicano diversamente, è meglio lavorare con entrambi gli occhielli.
- Sbagliare il primo punto. Dovresti imparare dove mettere i primi punti in ogni riga. Ci sono casi in cui le istruzioni dicono di usare il secondo o il terzo punto e non il primo. Metterlo nel posto sbagliato potrebbe solo farvi avere una forma irregolare, potrebbe anche dare un risultato totalmente diverso da quello previsto, e dovrete recuperare l'intero filato.
- Non fare attenzione ai termini USA e UK. Le istruzioni possono essere scritte in uno dei due

modi, e l'onere di sapere qual è l'uno e qual è l'altro ricade sul crocheter. Se usi un punto UK dove le istruzioni erano scritte in termini US, e non fai le modifiche necessarie, potresti finire per confondere un punto doppio crochet con uno singolo e viceversa.

- Non tessere (allacciare) correttamente. Questo disferà tutto quello che avete fatto se non state attenti.

Usare un calibro per l'uncinetto

Non è raro per un crocheter principiante scoprire che il suo pezzo all'uncinetto è diverso da quello previsto dalle istruzioni seguite. Potrebbe essere più grande o più piccolo. Un calibro per uncinetto è un ottimo strumento per un principiante per ottenere il risultato previsto.

Cosa fa un calibro per uncinetto? Proprio come il nome implica, un calibro per uncinetto "misura" i progetti all'uncinetto. Specifica le misure all'uncinetto indicando il numero di punti per centimetro o pollice.

Come usare un calibro per uncinetto

1. Prima di iniziare un progetto all'uncinetto, cerca l'aspetto del calibro nelle istruzioni. Leggilo e capiscilo.
2. Fate in modo che la vostra catena di base sia un po' più lunga della lunghezza raccomandata dal calibro
3. Procuratevi la giusta misura dell'amo e il peso del filato* seguendo le istruzioni. Il filato potrebbe essere leggero o voluminoso o una via di mezzo tra i

due. Cerca di ottenere quello specificato dalle istruzioni.

*Nota: *Il peso del tuo filato = lo spessore del tuo filato. NON è il peso del gomitolo o della matassa di filato che avete. Potete controllare la confezione del filato, dovrebbe essere scritto lì.*

CAPITOLO 4

Tipi di uncinetto

Esiste una varietà di stili, modelli e disegni per quanto riguarda i lavori all'uncinetto. Il tuo stile di uncinetto potrebbe essere un fattore delle istruzioni, delle tue preferenze e del risultato che hai in mente, o dell'oggetto che vuoi realizzare. È soprattutto un fattore delle istruzioni.

Abbiamo aggiunto come fare alcuni di questi tipi di uncinetto. Puoi provarli solo quando hai finito di padroneggiare le basi, però.

1. Amigurumi

Ricordate quei giocattoli di peluche per bambini che si vedono fatti di filato all'uncinetto? Questo è Amigurumi. Amigurumi è una parola giapponese che implica che lo stile è nato in Giappone. I giocattoli Amigurumi possono anche essere fatti a maglia.

Ami in Giappone significa "maglia o uncinetto" mentre Nuigurumi significa "bambola di peluche".

Stringydingding.com

2. Bullion crochet

Proprio come il nome implica, è uno stile unico di uncinetto che è progettato per funzioni speciali, che il più delle volte non è l'abbigliamento. Di solito si presenta come un lavoro all'uncinetto rotondo e uniformemente spesso. Puoi considerare questo stile quando hai bisogno di una tovaglietta o altri pezzi di decorazione.

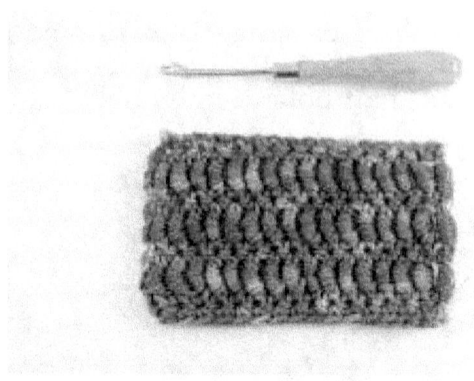

Youtube.com

3. Aran crochet

Aran è uno stile di uncinetto con "cavi a incastro". Considera questo tipo di uncinetto quando vuoi fare una coperta o una giacca, o hai bisogno di qualche sciarpa o maglione.

Shop.mybluprint.com

4. Uncinetto bavarese

Se vuoi fare uno scialle o una coperta elegante, non devi necessariamente usare lo stile Aran; puoi considerare la bavarese perché potrebbe essere uno stile di uncinetto perfetto per il tuo progetto. Intendiamoci, la bavarese potrebbe richiedere più tempo per realizzarla rispetto all'Aran, ma fidatevi, il guadagno varrà il dolore.

Pinterest.com

5. Uncinetto a stile libero

Potresti semplicemente voler fare a modo tuo; senza misure, senza piani, senza un modello particolare per il lavoro all'uncinetto. Dovete solo concepirlo nella vostra mente e lavorare all'uncinetto. Puoi anche aggiungere leggere modifiche man mano che procedi, o puoi decidere di combinare vari stili nel modo più efficiente; ecco perché si chiama *freestyle*. L'uncinetto freestyle, se ben fatto, sarà un bellissimo pezzo d'arte.

Pinterest.com

6. Lo strato extra all'uncinetto

Quando uno strato extra di punti viene aggiunto ad uno esistente, si ha l'uncinetto extra strato. Si può abbellire un pezzo all'uncinetto o inserire delle iniziali usando questo stile di uncinetto.

7. Bruges uncinetto

La tua nonna probabilmente ne ha uno in cima al suo tavolo da pranzo, e potresti averlo visto in una delle tue visite. Per realizzare questo stile, si inizia con fili sottili di punti e poi li si unisce all'uncinetto per creare bellissimi motivi di pizzo. Inoltre, se hai bisogno di una scintilla in più per il tuo disegno all'uncinetto, pensa all'abbellimento con il tipo di uncinetto Bruges.

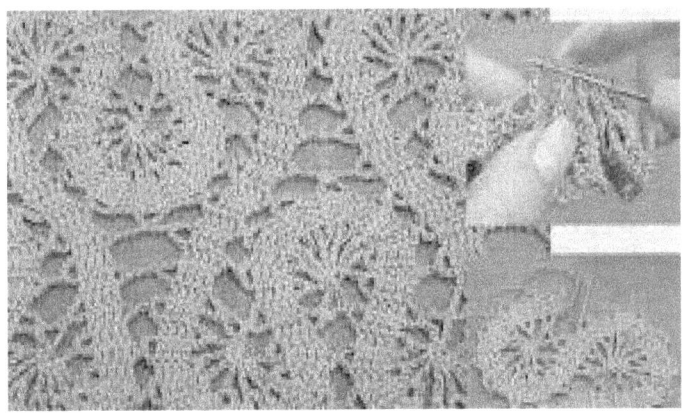

Youtube.com

8. Pizzo Jiffy all'uncinetto

È anche chiamato l'uncinetto di pizzo a manico di scopa. Avrete bisogno di due uncini per questo. Uno grande (o un materiale con una forma simile) e un altro che potrebbe essere più piccolo (a seconda delle vostre preferenze). Il secondo uncino serve per fare dei punti intorno a quello grande. È un lavoro all'uncinetto di alta qualità che risulterà sempre in un bel pezzo se è ben fatto. Potete considerare questo stile quando avete bisogno di oggetti di decorazione. Un uncinetto di pizzo jiffy starà bene anche sul braccio imbottito delle sedie.

Sizzlestitch.com

9. Pizzo per capelli

Avrete bisogno di tre ganci per questo disegno. Ok, non confondetevi. Solo un gancio è necessario per lavorare i punti. Tuttavia, il pezzo deve essere tenuto tra due ganci mentre si lavora. Potete sostituire i due ganci con qualsiasi oggetto della stessa forma e dimensione. Si possono usare spille da maglia o, meglio ancora, un telaio per capelli.

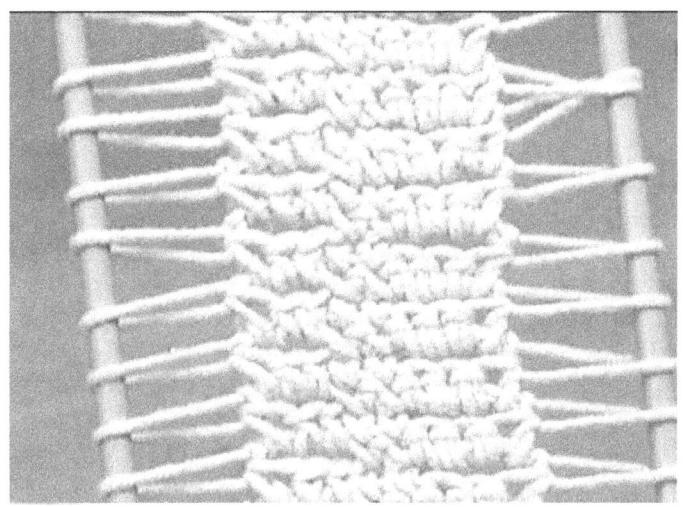

Sheruknitting.com

Il merletto a forcina deve aver preso il suo nome dai materiali che venivano usati inizialmente: forcine di metallo.

Knitting-crochet.wonderhowto.com

10. Filet crochet

Se avete bisogno di spazi veramente aperti nel vostro lavoro all'uncinetto, provate a usare il filet crochet. Il filet crochet usa solo due tipi di punti di uncinetto, e sono il punto catenella e il punto doppio crochet. Filet crochetsare lavorato da istruzioni scritte, ma da grafici o diagrammi simbolo. Il filet rende buoni oggetti di decorazione come tovaglie e tovagliette.

Un pezzo di filet crochet

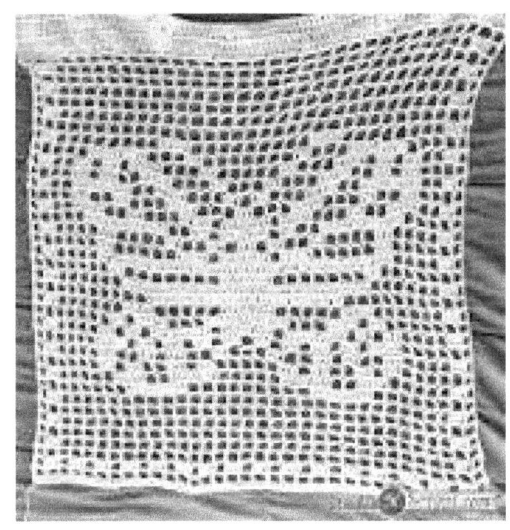

Allfreecrochet.com

11. Uncinetto bosniaco

Questo è un vecchio stile di uncinetto. È iniziato in Bosnia, da cui il nome. I punti bosniaci sono per persone pazienti perché richiedono tempo e non sono consigliabili per oggetti grandi. Il più delle volte, è usato in combinazione con altri tipi o per chiudere altri tipi di uncinetto. Quando è finito, sembra un lavoro a maglia.

Crochet-basics.com

12. Piccolo o micro uncinetto

Anche l'uncinetto minuscolo richiede tempo. Bene, se ce l'avete, prendete un bel rotolo di filo e un gancio liscio e minuscolo e mettetevi al lavoro, poiché potete usare questo metodo per fare bambole e vestiti per bambole. La forma minuscola in cui vengono fuori li rende molto sorprendenti.

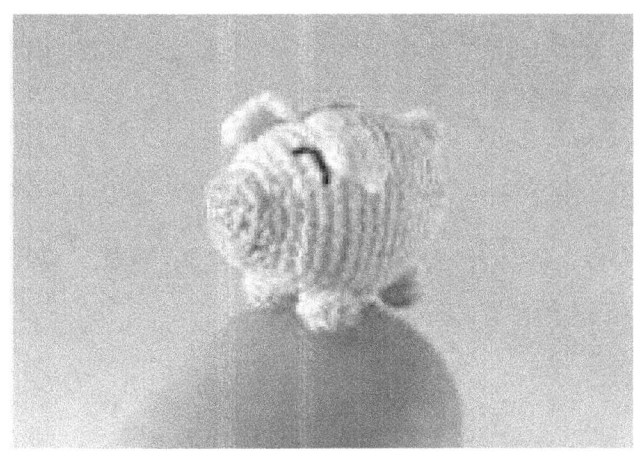

Micro-crochet.com

13. Il lavoro a maglia del pastore

Si chiama anche punto afgano o uncinetto di Tunisi. Ha un gran numero di punti, quindi è meglio usare uncini lunghi.

14. Centrino all'uncinetto

Secondo il dizionario inglese, i centrini sono *piccoli pezzi ornamentali di pizzo o lino o carta usati per proteggere una superficie dai graffi di oggetti duri come vasi e ciotole; o per decorare un piatto di cibo.*

I centrini sono di solito fatti con un filo sottile all'uncinetto.

it.wikipedia.org

Come fare un centrino.

Come abbiamo detto prima, i centrini sono meglio fatti con un filo sottile, ma per iniziare, puoi usare un filato a maglia doppia. Il tuo lavoro finirà per essere più voluminoso di un normale centrino, ma devi aver imparato a farlo.

In realtà, i centrini non sono per le principianti dell'uncinetto, ma si può sempre tornare e fare una prova dopo aver praticato i punti di base più e più volte. Ecco i passi:

1. Scegliete la vostra lunghezza e fate dei punti di catena di conseguenza. (Puoi fare 10)
2. Senza togliere il gancio, inserirlo nella prima catena e rigirare il filo. (Entrambe le estremità della catena devono essere unite per creare una forma circolare)

Ecco come procedere per la prossima riga/giro:

3. Inserire un segnapunti all'inizio della riga e catenella 3 (fare tre punti di catenella)
4. Sulla catena di base (fondazione), devi inserire il tuo gancio nel punto successivo.
5. Si vuole creare un punto doppio all'uncinetto.
6. finire quella fila facendo un doppio punto all'uncinetto in ogni punto base.

7. Quando hai finito con quella riga/giro, ora puoi introdurre il gancio nel punto opposto, mentre allo stesso tempo unisci con un punto slip. (Il marcatore di punti inserito al punto 3 vi aiuterà a sapere quando avete finito quel giro).

Poi si può passare al turno successivo, così:

8. Catena 4 (fare quattro punti di catena).
9. Fate un doppio crotched my spostando il vostro gancio nel punto successivo. Dc e catena 1 in ogni punto di quella fila.
10. Punto slip per unire questo giro.

C'è ancora molto da fare, quindi dobbiamo andare più veloci ora. Il lavoro deve anche diventare più alto, quindi cominceremo a lavorare a punti alti. (Per favore leggete come procedere con i punti treble se lo avete omesso inizialmente)

11. Fate circa 10 catene come nel primo passo. Filate doppiamente e inserite il gancio nel secondo punto del giro. Poi, saltate un punto e passate al successivo fino a completare la fila.

12. Creare un cappio tirando il filo con il gancio. Riprendete il filo e trascinatelo attraverso i primi due cappi.

13. Ripetere il processo di ricamo e tirare il filo attraverso i secondi due anelli.

14. Fate lo stesso per gli ultimi due anelli.

15. Ch 6 (fare 6 catene) e lavorare a treble crochet.

16. Lavorare ch 6 e treble crochet intorno al lavoro fino ad avere 6 punti di catena.

17. State per finire questo giro. Fissa il tuo gancio nella quarta catena che si trova all'inizio della fila. Unite le due estremità con un punto slip.

18. Fissare un punto singolo all'uncinetto nella catena.

19. Ch 3 (fare tre catene); c'è uno spazio sotto la fila, inserire l'amo in questo spazio (usare lo stesso spazio per 20-21).

20. Fate un doppio punto all'uncinetto.

21. Creare 2 punti di catena e fare un doppio punto all'uncinetto. Fai 3 punti di catenella per formare un volant.

22. Vi ricordate quelle catene create dai dc e ch 1 nel passo 9? Si chiamano raggi. Quindi, volete inserire il vostro gancio nella parte superiore del prossimo raggio e fare un punto slip per unire il giro.

23. Lavorate un punto singolo all'uncinetto per livellare i bordi del giro.

24. Continuate a lavorare i volant attraverso il giro ripetendo i passi da 19 a 22.

25. Unite l'ultimo volant al giro con un punto slip.

26. Finite lasciando una coda di circa 7 pollici e tagliando il filo. Intrecciare la coda nel pezzo all'uncinetto con un ago da rammendo.

Il tuo centrino potrebbe non mantenere la sua forma, quindi dovresti metterlo interamente in acqua.

Tirarlo fuori e spremere l'acqua in eccesso finché è umido. Fissatelo saldamente stendendolo su un pezzo di carta e cucite il centrino alla carta.

Assicurarsi che la carta sia asciugata all'aria appendendola.

Stacca il centrino dalla carta quando è asciutto. Il centrino dovrebbe mantenere la sua forma quando è asciutto.

Come fare un centrino è stato ispirato da come fare un centrino di Wikihow. Puoi procurartelo su https://www.wikihow.com/Crochet-Doilies

15. Uncinetto a dita

Quando lasci cadere il tuo gancio e manovri abilmente il filo in un bel lavoro all'uncinetto, hai l'uncinetto a dita. Si possono usare le dita dall'inizio alla fine, oppure si può finire con un uncino.

Youtube.com

Come fare una sciarpa all'uncinetto con le dita

Gli uncinetti a dita sono meglio realizzati con filati spessi. È bene notare che l'uncinetto a dita si fa nello stesso modo dell'uncinetto normale. L'unica differenza è che in questo caso, bisogna usare le dita invece del gancio.

Filato voluminoso per l'uncinetto a dita

Yarnspirations.com

Finora, abbiamo parlato solo di usare un solo pezzo di filo alla volta per i vostri progetti all'uncinetto. Tuttavia, per gli uncinetti a dita, potete usare 2-3 fili di filato contemporaneamente per ottenere un pezzo all'uncinetto più voluminoso. Un pezzo all'uncinetto con colori alternati può essere fatto in questo modo. Ma visto che l'attenzione è rivolta alle principianti, manteniamo la semplicità iniziando con un solo filo per una semplice sciarpa o scialle (un rettangolo) e lavorando punti di uncinetto doppio.

Si inizia facendo una catena di base. Come abbiamo detto prima, si tratta degli stessi passi per fare l'uncinetto doppio.

Ma ripassiamo perché questa volta non c'è nessun gancio.

Passo 1: Come nel colpo d'immagine, crea un nodo scorsoio intorno al tuo dito indice.

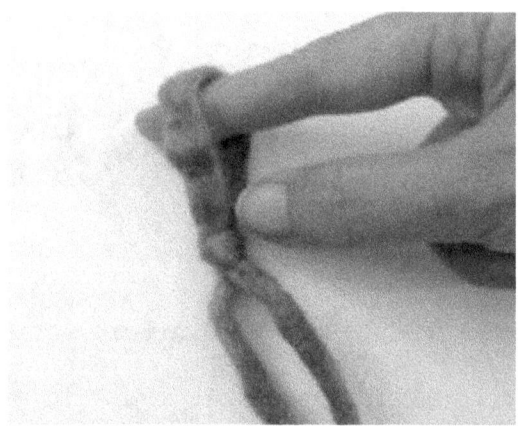

Yarnspirations.com

Passo 2: Fate dei punti di catena. Fai questo per la lunghezza richiesta della catena di base. (Quanto vuoi che sia lunga o larga la tua sciarpa)

Passo 3: Mentre il tuo dito indice è ancora inserito nell'ultimo anello, inietta lo stesso dito nella terza catena dal tuo dito.

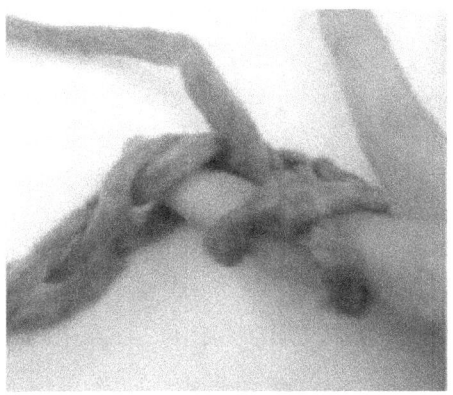

Yarnspirations.com

Fase 4: Ripassare il filo per formare un'asola. Tira su il filo attraverso il cappio. A questo punto dovrebbero esserci due cappi sul tuo dito.

Passo 5: Ripeti il filo di nuovo, e questa volta, trascina il filo attraverso i due anelli sul tuo dito per creare il tuo primo punto di doppio uncinetto.

Yarnspirations.com

Passo 6: fare altri punti di doppio uncinetto in ogni punto della catena di base per completare quella fila

Yarnspirations.com

Passo 7: per passare alla riga successiva, girando la catena 3.

Yarnspirations.com

Passo 8: lavorate più punti all'uncinetto singolo in ogni punto finché non avete finito la fila.

Passo 9: Per completare la tua sciarpa o scialle, ripeti i passi 7-8 per completare la lunghezza desiderata della sciarpa.

Passo 9: Lasciare almeno 7 pollici alla fine del pezzo per servire come coda e tagliare il filo. Tira la coda attraverso l'ultimo anello e fai abilmente un nodo per fissare il tuo scialle.

Il tuo foulard o scialle è pronto per l'uso!

Punti da notare quando si lavora all'uncinetto a dita

a. Continua a lavorare con punti corti; il tuo dito può sopportare solo una certa quantità di asole allo stesso tempo. Lavorare punti alti non è il massimo per i punti a dito.
b. Cerca di mantenere il tuo lavoro sciolto. Non stringere troppo gli anelli e le catene.

16. Stendibiancheria all'uncinetto

Darlombfiberart.wordpress.com

Questo stile è un tesoro quando si tratta di fare cestini e altri oggetti rotondi. Si inizia facendo dei punti spessi come una sorta di base o cornice, e poi si inizia a fare più punti mentre si assicura una forma rotonda.

Youtube.com

17. Uncinetto di perline/filo

Probabilmente avete notato che c'è un'enfasi sul "farlo bene". I lavori all'uncinetto sono belli quando sono ben fatti. Ecco perché abbiamo scritto questo libro: per aiutarvi a farlo bene.

Ora, con questa conoscenza, sono sicuro che non vedi l'ora di imparare a fare il tuo primo punto all'uncinetto. Quindi, preparate i vostri materiali e...

Continua a leggere per saperne di più.

CAPITOLO 5

Istruzioni per l'uncinetto

Prima di iniziare a parlare dell'how-to dei punti all'uncinetto, è importante familiarizzare con il gergo.

Capire le istruzioni dell'uncinetto

Nell'uncinetto si usano alcune abbreviazioni, e sarà bene che tu le conosca per poter capire le guide all'uncinetto. Le istruzioni per l'uncinetto possono essere in formato testo, grafico o grafico.

Ce ne sono tante, e non è necessario conoscerle tutte prima di iniziare. Potete però fare riferimento a questa tabella quando incontrate un'abbreviazione che non capite. Vediamone alcune:

A. *Abbreviazioni e loro significati.*

	Abbreviazioni	Significato
1	Alt	Alternate
2	Circa.	Circa
3	Beg	Inizio.

4	Scommetti	Tra
5	BL	Potrebbe significare bobble, back loop o block.
6	Blo	Solo anello nero
7	Cc	Colore contrastante
8	Ch	Punto catenella
9	ch-sp	Spazio della catena
10	Cl	Cluster
11	Cm	Centimetro
12	Cont	Continua
13	Dc	Doppio uncinetto
14	Dic	Diminuire
15	Dc2tog	Doppio uncinetto due punti insieme
16	Dtr	Doppio uncinetto triplo
17	edr	Doppio uncinetto esteso
18	etr	Uncinetto triplo esteso
19	Fl	Anello anteriore
20	FLO	Solo anello anteriore
21	FO	Oggetto finito
22	Foll	Seguendo
23	FP	Posto anteriore
24	G	Gram
25	Mezzo dc	Mezzo uncinetto doppio
26	Hdc	Mezzo uncinetto doppio
27	Hdc2tog	Mezzo uncinetto doppio, due punti insieme
28	In	Pollici
29	Inc	Aumentare
30	Incl.	Includere/includere/includere
31	Lp	Loop
32	M	Marcatore/metro
33	mm	Millimetro
34	MC	Colore principale

35	Oz	Oncia
36	Pp	Picot
37	P	Picot
38	pat	Modello
39	Pc	Popcorn
40	Ps	Punto di sbuffo
41	prev	Precedente
42	rem	Rimanente
43	rep	Ripetere
44	rnd	Rotonda
45	rnds	Giri
46	RS	Lato destro
47	Sc	Uncinetto singolo
48	Sh	Shell
49	Sk	Salta
50	Slst	Punto slip
51	Sp/sps	Spazio/spazi
52	St/st	Punto/ punti
53	Tog	Insieme
54	tbl	Attraverso l'anello posteriore
55	tch	catena di tornitura
56	Tr	Uncinetto triplo/uncinetto triplo
57	Tr tr	Triplo uncinetto
58	WS	Lato sbagliato
59	Yd	Cantiere
60	Yo	Filato sopra
61	Yoh	Filo sopra il gancio

Fonte: abbreviations.yourdictionary.com

Grafici dei simboli dell'uncinetto e loro significati

Questa è un'alternativa alle istruzioni scritte per i simboli dell'uncinetto.

	Simboli	Regno Unito	Stati Uniti
1	◯	Catena	Catena
2	•	Punto slip	Punto slip
3	✕	Doppio uncinetto	Uncinetto singolo
4	┼	Uncinetto a tre punte	Doppio uncinetto
5	╪	Doppio uncinetto triplo	Uncinetto a tre punte
6	╫	Triplo uncinetto	Doppio uncinetto triplo
7	⊕	Cluster di treble crochet	Cluster a doppio uncinetto
8	◎	Anello magico	Anello magico

Credito: pinterest.com

CAPITOLO 6

Come fare alcuni punti base all'uncinetto

Ci sono molti punti all'uncinetto, e cercheremo di parlare di come procedere per alcuni di essi. Ma inizieremo con quelli di base. Sono di base perché troverete molte istruzioni di modelli che vi dicono di incorporarli nei disegni, quindi una conoscenza di come farli è essenziale. Potrebbe essere utile iniziare da punti semplici, e dopo averli afferrati, potete passare a quelli più complessi.

Ecco i punti all'uncinetto più comuni:

1. Nodo di slittamento
2. Catena
3. Uncinetto singolo
4. Mezzo uncinetto doppio
5. Doppio uncinetto
6. Uncinetto a tre punte
7. Doppio uncinetto triplo

8. Posto anteriore

9. Postazione posteriore

Come Yarn Over (YO)

L'abbiamo portato qui perché non si può fare nessun lavoro all'uncinetto senza ricamare. Infatti, si sta andando a yarn over e il più possibile durante ogni progetto di uncinetto. Il rigirare il filo vi dà punti extra sul vostro uncinetto, e potete decidere quanto largo volete i buchi sul vostro pezzo quando rigirare il filo.

Fase 1: Creare un nodo di slittamento - poi appendi il tuo gancio nel nodo (le istruzioni per il nodo di slittamento sono disponibili qui sotto)

Passo 2: usa la mano che stai usando per tenere l'amo per tenere anche la coda del nodo scorsoio per evitare che si allarghi o si stringa.

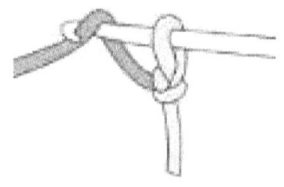

Passo 3: Avvolgere il filo dal dietro al davanti (in senso antiorario) dell'uncino (questo è chiamato yarn over).

Passo 4: portare il filo sopra il gancio per il numero di volte indicato per il modello.

1. Come fare un nodo di slittamento

Inizierete il vostro lavoro all'uncinetto con un nodo scorsoio, quindi dovreste avere familiarità con questo. Fatelo più e più volte finché non lo padroneggerete.

Passo 1: Misurare circa 7 pollici fino alla fine del filo.

Passo 2: avvolgerlo intorno alle dita per formare un cerchio (un anello).

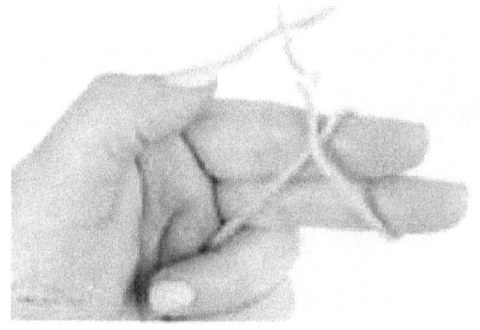

Nickishomemadecrafts.com

Passo 3: Allarga l'anello formato con due delle tue dita e fai uscire il filo di lavoro che è il filo più lungo in un anello con le tue dita o un gancio. Il cappio non deve essere troppo stretto.

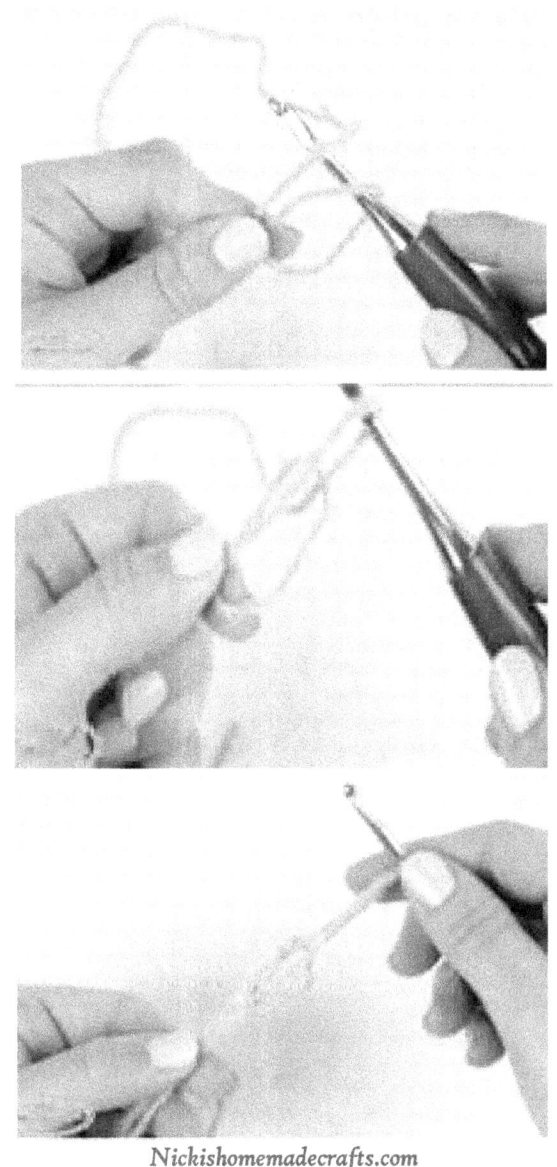

Nickishomemadecrafts.com

Passo 4: Inseritelo sul vostro gancio.

2. Come fare un punto catenella (ch)

Molte catene, chiamate catene di base o di fondazione, formano la prima fila di un pezzo all'uncinetto.

Passo 1: Creare un nodo di slittamento - poi si aggiunge l'amo nel nodo.

raftyarncouncil.com

Fase 2: Ripassare il filo. Dopo di che tirerete il filo attraverso l'occhiello del gancio.

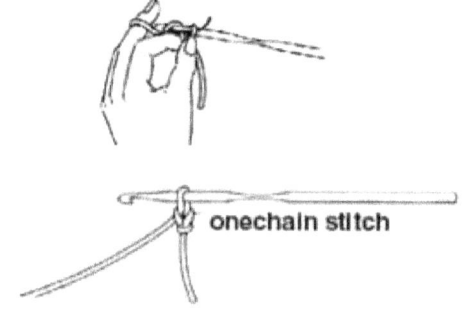

Craftyarncouncil.com

Fase 3: Assicuratevi di eseguire questo processo per tutti i punti di catena necessari.

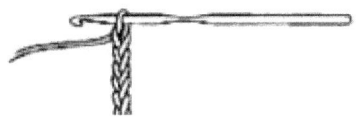

3. Come uncinetto singolo (sc)

Nel Regno Unito, l'uncinetto singolo è solitamente indicato come doppio uncinetto. È un punto fondamentale nell'uncinetto, e fornisce un ottimo modo per unire pezzi all'uncinetto. Puoi anche usarlo come ricamo su un pezzo all'uncinetto.

Alcuni tipi di uncinetto usano fondamentalmente l'uncinetto singolo come punto principale, per esempio gli amigurumi.

Passo 1: Fare la catena di base

Passo 2: saltate la prima catena e inserite il vostro gancio attraverso la seconda catena.

Fase 3: Riempire il filo (come spiegato sopra).

Passo 4: tirare il gancio (tirando così il filo) attraverso l'occhiello. Questo formerà due cappi sull'amo.

Anniescatalog.com

Passo 5: Ripeti il processo di rigiro del filo mentre tiri il gancio attraverso i due anelli per fare un punto singolo all'uncinetto completo.

Anniescatalog.com

Questo dovrebbe lasciarvi solo uno sguardo rimasto sul gancio. Puoi iniziare il tuo prossimo punto da questo occhiello.

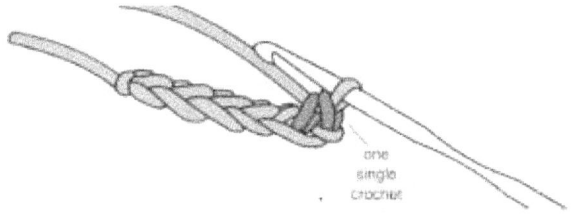

Anniescatalog.com

A seconda del numero di punti richiesti per il tuo progetto, puoi creare punti di uncinetto singolo aggiuntivi per compensarli.

Passare alla riga successiva continuando il punto singolo all'uncinetto:

Passo 1: Senza togliere l'uncinetto, girate il vostro pezzo all'uncinetto da destra a sinistra (in senso antiorario)

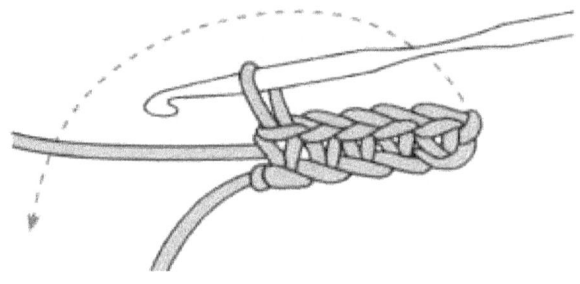

Anniescatalog.com

Fase 2: lasciate andare il gancio nell'ultimo punto della prima fila di sc come illustrato qui sotto.

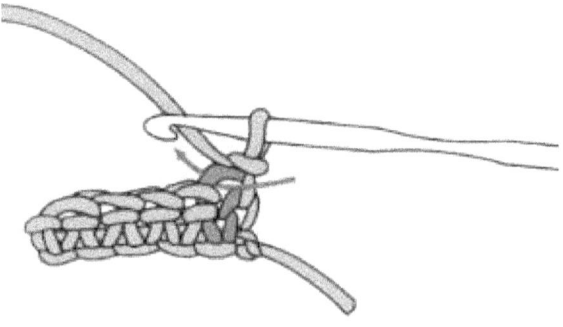

Anniescatalog.com

Fase 3: Rivoltare il filo. Fai passare il filo attraverso l'ultimo punto per creare due cappi sull'amo.

Passo 4: Ripetere il filato ancora una volta assicurandosi che il filo passi attraverso entrambi i loop.

Idealmente, a questo punto non dovrebbe rimanere più di un'ansa - cioè stai creando il tuo primo punto singolo all'uncinetto.

Come diminuire un punto singolo all'uncinetto.

L'abbreviazione per questo è sc2tog.

Diminuire un punto singolo all'uncinetto significa semplicemente unirlo ad un altro per farne entrambi uno.

I punti all'uncinetto che spesso escono in forme rettangolari o quadrate si trasformano in questo modo in vestiti o altre cose.

Per ottenere la forma desiderata, riducete il numero di punti che esistono sulla fila in cui i due vengono uniti.

I due punti sono uniti nella parte superiore, il che significa che dopo la diminuzione, ci saranno due basi di uncinetto che condividono una parte superiore.

Passo 1: Usando uno dei pezzi, lasciate che il vostro gancio vada nel prossimo punto dove inizierà la riduzione dell'uncinetto singolo (supponendo che la riduzione debba idealmente iniziare all'inizio della fila, quindi, dovreste usare il vostro primo punto)

Passo 2: Creare due asole, facendo il filo e tirando su un'asola.

Passo 3: Lascia questi 2 anelli che hai appena creato e poi nel punto successivo, del secondo uncinetto singolo, inserisci il tuo gancio.

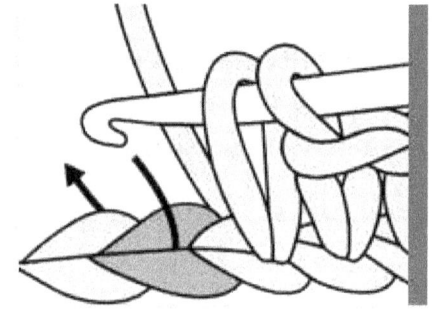

Dummies.com

Passo 4: Ripetere il filato per creare un terzo anello.

Passo 5: Fai un ultimo giro di filo e tira attraverso tutti e 3 i cappi che hai creato sul gancio per chiudere il punto.

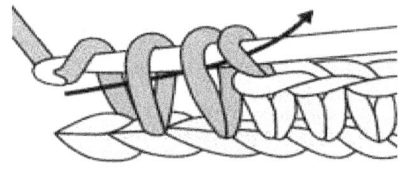

Dummies.com

Come aumentare un punto singolo all'uncinetto

Questo è più facile della diminuzione. Hai solo bisogno di lavorare due punti di uncinetto singolo nel punto in cui ti viene detto di aumentare.

Lavorare un altro punto in quello indicato dalla freccia

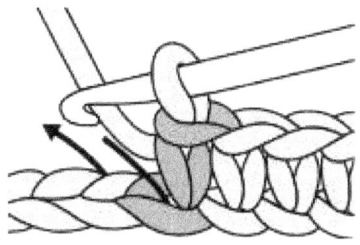

Dummies.com

Sarà così:

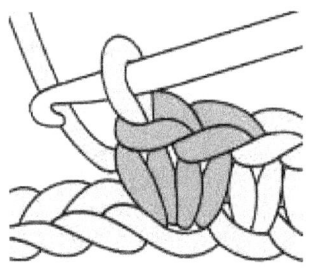

Dummies.com

Un punto, stili diversi

Puoi provare diversi stili con il punto singolo all'uncinetto, come ad esempio:

1. Uno stile lacier: Per crearlo, invece di far scorrere il gancio sotto i due anelli, si vuole inserire il gancio solo nell'anello anteriore del punto (flo) - Questo creerà più buchi nel vostro lavoro.

2. Uno stile chiuso: Nel caso in cui non vogliate i fori, ma piuttosto che vogliate il vostro lavoro chiuso, potete mettere il vostro gancio in basso a sinistra. Alternate tra il solo cappio anteriore (flo) e il solo cappio posteriore (blo) per ottenere lo stile desiderato.

3. Uno stile elastico: Quindi, non ti piace né lo stile aperto né quello "troppo chiuso", ma preferiresti avere il tuo materiale da "disegnare", potresti considerare di inserire il gancio solo attraverso l'anello posteriore (blo).

4. Un punto uncinetto standard: si ottiene quando si inserisce l'amo attraverso i due anelli del punto allo stesso tempo.

4. Come fare un mezzo doppio uncinetto (Hdc)?

Il Regno Unito lo chiamerà half-treble crochet contro il half double crochet in termini americani. Questo tipo di uncinetto è più alto di un uncinetto singolo. È più basso di un uncinetto doppio. Così, quando cercate di formare i vostri schemi, e avete bisogno di qualcosa che sia a metà strada tra un uncinetto singolo e un doppio uncinetto, pensate a un hdc. Può essere lavorato sul bordo di una sciarpa o di una coperta per aggiungere più bellezza al pezzo all'uncinetto.

> Passo 1: fai il tuo punto catena di base per il numero di punti hdc richiesti per il progetto

> Passo 2: Aggiungere un'altra catena come extra.

> Fase 3: ignorando le prime 2 catene, che serviranno come catene di svolta, filate e inserite il gancio da davanti a dietro al centro della terza catena.

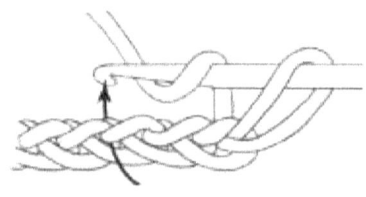

Fase 4: Riprendete il filo e tirate l'amo (tirando l'amo, tirate il filo) attraverso la catena per formare tre anelli sull'amo.

Fase 5: Girate il filo e fatelo passare attraverso tutti e tre i cappi sull'uncino. Ora ci dovrebbe essere un'asola sul vostro gancio. Questo è il primo mezzo punto di uncinetto doppio.

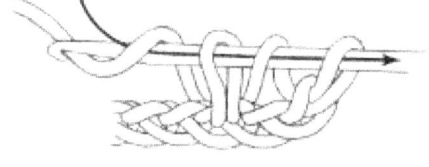

Per continuare con gli hdc su quella fila

Fase 6: Al centro della catena successiva, filare e inserire l'amo.

Passo 7: Ancora una volta, ripassate il filo, ma questa volta, tirate il filo attraverso il cappio per creare 3 cappi sull'amo.

m.lionbrand.com

Fase 8: Riprendete il filo e tiratelo attraverso tutti e 3 i cappi che avete creato per formare il secondo mezzo doppio uncinetto.

Passo 9: Ripetere i passi 6-8 per continuare a lavorare gli hdc su quella fila.

Passare alla riga successiva;

Passo 10: Gira il tuo lavoro. Girare la catena 2

Passo 11: saltate il primo hdc che si trova sotto la catena di tornitura. Usate invece il secondo.

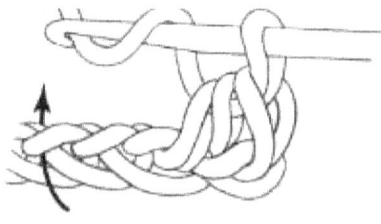

m.lionbrand.com

Passo 12: Inserite il vostro gancio da davanti a dietro e filate sotto i due anelli superiori del secondo hdc.

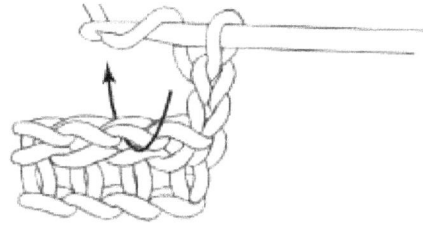

m.lionbrand.com

Passo 13: Mentre tirate il filo attraverso il punto, ripassate il filo solo una volta.

Passo 14: Ripetete il processo di rigiro del filo e tirate il filo attraverso 3 cappi sul gancio per formare il primo mezzo punto all'uncinetto su quella fila.

Passo 15: Per continuare a lavorare gli Hdc su quella fila, ripetere i passi 12-14

E proprio come un punto singolo all'uncinetto, un'istruzione potrebbe richiedere l'aumento o la diminuzione di un mezzo doppio uncinetto. Quando lo fa, basta fare così:

Mezzo aumento doppio uncinetto (hdcinc):

Quando aumenti in mezzo doppio uncinetto, quello che stai facendo è semplicemente trasformare un punto in due. Le istruzioni del modello dovrebbero dirvi il punto particolare in cui lavorare.

Passo 1: Fare il punto doppio all'uncinetto (istruzioni sopra)

Passo 2: Creare un altro doppio punto all'uncinetto nello stesso punto.

Mezzo doppio uncinetto decrescente (hdcdec):

Anche popolarmente indicato come mezzo doppio uncinetto due insieme (hdc2tog). Si può fare con questi passi:

Passo 1: Per prima cosa, non dovete sapere che quello che state cercando di fare è di creare delle mezze doppie uncinetto in non meno di 2 catene senza completarle effettivamente. E per fare questo, dovete rivestire il filo e inserire il gancio nella catena da utilizzare. Ripetete ancora il filato e poi tirate su un cappio per fare 3 cappi sul vostro gancio.

Passo 2: Creare 5 anelli ripetendo il passo 1 per le catene successive.

Passo 3: Infine, YO e poi fai passare il filo attraverso tutti e 5 i cappi - dopo di che avrai il tuo mezzo doppio uncinetto in diminuzione.

5. Come fare un doppio punto all'uncinetto

I punti a doppio uncinetto sono lunghi il doppio dei punti a uncinetto singolo. I punti di coccodrillo sono esempi tipici di punti per i quali si usa un punto di uncinetto doppio. Si usa anche per decorare i bordi di alcuni lavori all'uncinetto.

Passo 1: fare la catena di base alla lunghezza desiderata.

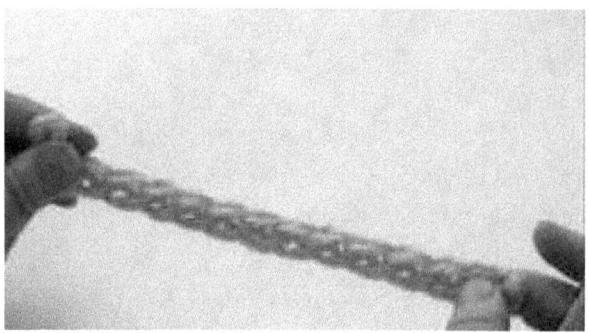

Pinterest.com

Passo 2: YO mentre fissate il vostro gancio alla fine della terza catena dal gancio.

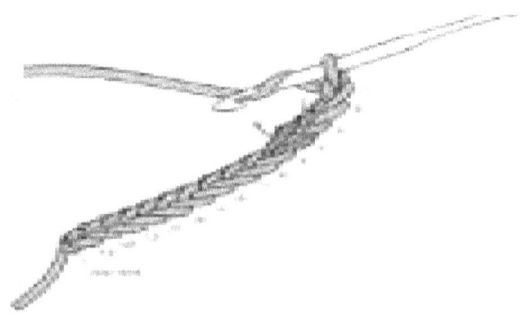

Nota: la terza catena è segnata in rosso.

Passo 3: Creare 3 anelli con YO mentre si tira il filo attraverso la terza catena.

Passo 4: Creare 2 cappi con YO mentre si tira il filo attraverso i primi due cappi.

Facendo come indicato e mostrato sopra si ottiene questo:

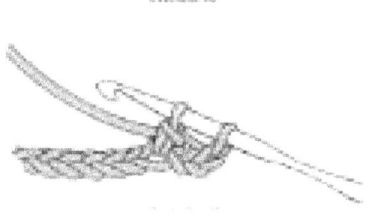

Fase 5: rigira il filo e tiralo attraverso i due anelli per completare il tuo primo punto doppio all'uncinetto.

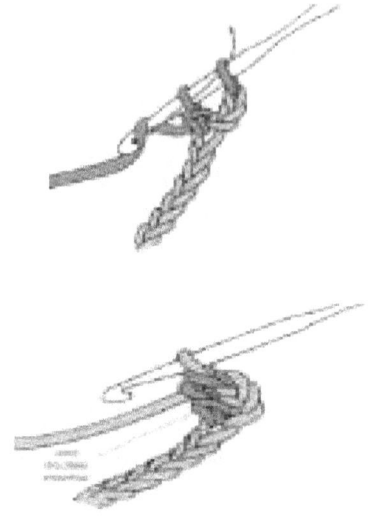

Anniescatalog.com

Passo 6: per continuare il doppio uncinetto sulla riga successiva, girare la catena 3

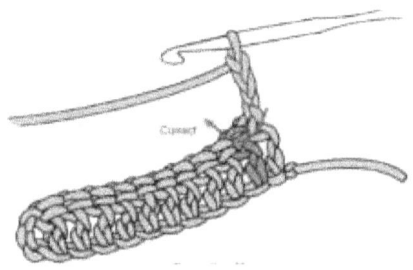

Anniescatalog.com

6. Come lavorare all'uncinetto un punto triplo

Un punto treble (triplo) può essere usato quando si lavora all'uncinetto per i punti di post anteriore e posteriore.

Passo 1: filato su due volte

Passo 2: inserire il gancio nel punto successivo della fila precedente

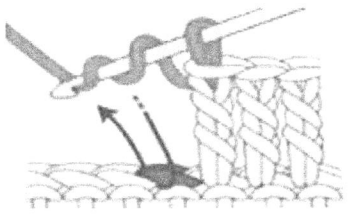

Mycrochetpattern.com

Passo 3: Poi, volete fare YO mentre spingete il filo a passare attraverso il punto. A questo punto dovrebbero essersi formati 4 cappi sull'amo.

Passo 4: Ridisegnare il filo per passare attraverso 2 di quei cappi che avete creato per rimanere 3 cappi sull'amo.

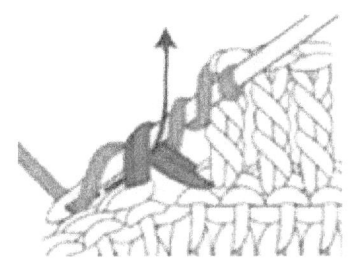

Passo 5: Ripetete il passo 4 e questo dovrebbe lasciare due anelli sull'amo.

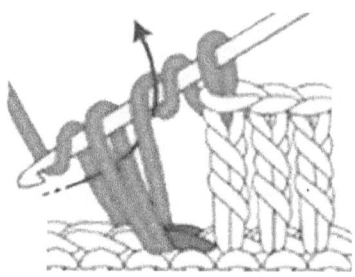

Mycrochetpattern.com

Fase 6: Rivoltate il filo. Fai passare il filo attraverso i due cappi per fare il tuo primo punto triplo.

Mycrochetpattern.com

7. Come fare un doppio punto treble crochet (Dtr)?

Un doppio punto treble crochet è una forma alta di punto. Più alto del treble. È utile quando si cerca di creare catene lunghe o quando il crocheter è interessato a creare spazio nel pezzo all'uncinetto.

Passo 1: YO tre volte. (Questo determina la lunghezza)

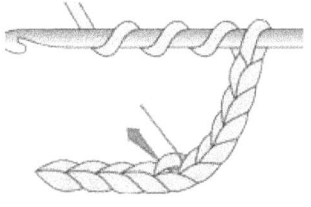

Anniescatalog.com

Passo 2: Identificate e segnate il punto desiderato del doppio uncinetto e fate passare il vostro gancio nel punto successivo.

Anniescatalog.com

Passo 3: YO, dopo di che potete tirare il filo per passare attraverso il punto per creare 5 diversi loop sul vostro gancio.

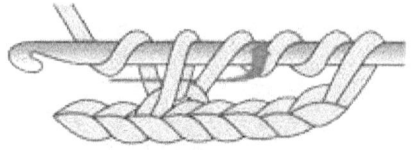

Anniescatalog.com

Passo 4: YO di nuovo, però, questa volta, lasciate che il filo passi attraverso i primi 2 cappi per creare 4 cappi diversi sull'amo.

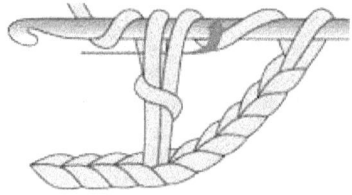

Anniescatalog.com

Passo 5: Ripetete il passo 4 e questo dovrebbe darvi ormai 3 anelli sull'amo.

Passo 6: Ripetere il 5 per avere solo 2 asole rimaste sull'amo.

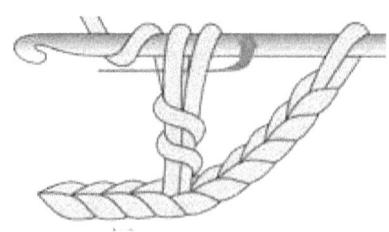

Passo 7: Ripetete lo stesso processo di prima per avere un solo anello rimasto. Questo è il vostro primo punto doppio all'uncinetto.

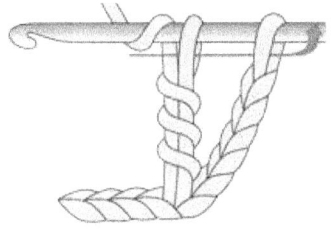

Passo 8: Ripeti i passi per formare altri punti doppi fino a quando non hai finito quella fila.

Passo 9: per passare alla riga successiva, girare la catena 5.

8. Come fare il punto di postura posteriore usando un doppio punto di uncinetto. (BP Dc)

NOTA: Il post, in questo caso, è il doppio uncinetto, quindi dovreste averne uno pronto prima di iniziare a fare il BPS. (Controllare i punti precedenti per le istruzioni per un dc)

Passo 1: Fai il tuo punto doppio all'uncinetto alla lunghezza desiderata.

Passo 2: YO e inserire il gancio da dietro il pezzo di doppio uncinetto.

Passo 3: spingere il gancio intorno al palo. Riportarlo sul retro (tirare il gancio in senso antiorario)

Passo 4: YO come faresti quando fai un doppio uncinetto.

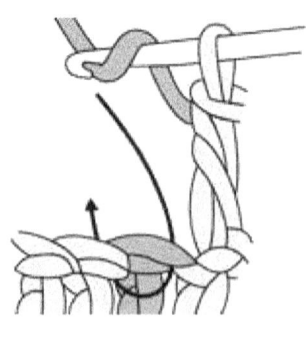

Passo 5: finire il punto.

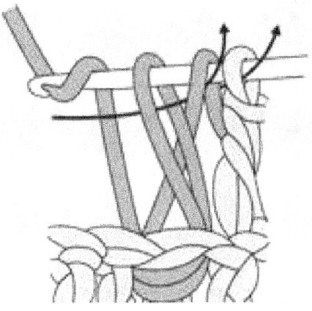

Fissare il libro da dietro in senso antiorario intorno al palo del punto slip (st) della riga precedente. Procedere in questo modo fino a completare i punti indicati.

9. Come fare un punto frontale usando il doppio uncinetto - Front Post Double Crochet (FPDC)

Passo 1: fare il tuo pezzo di uncinetto doppio

Passo 2: catena 2 e girare

Fase 3: Mentre lavorate in senso antiorario, YO e fissate l'amo da dietro il pezzo all'uncinetto, poi portatelo davanti al palo della fila precedente.

NOTA: Non inserire mai l'amo attraverso gli occhielli anteriori e posteriori contemporaneamente.

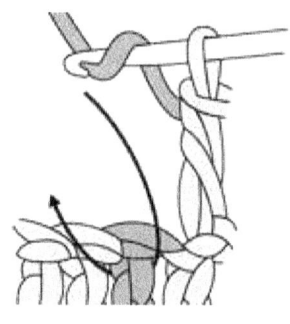

Dummies.com

Fase 4: Ripercorrete il filo come se steste facendo un pezzo all'uncinetto doppio.

Fase 5: tirare il filo per farlo passare attraverso 2 occhielli sull'amo.

Passo 6: YO, poi tirare il filo e passarlo attraverso gli ultimi 2 cerchi per fare il primo doppio uncinetto frontale.

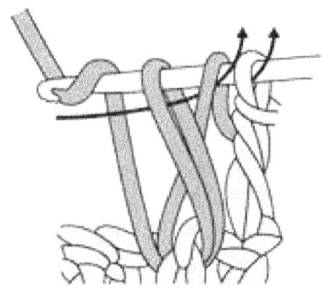

Dummies.com

Passo 7: Ripeti i passi 3-7 per comporre il numero di punti necessario.

Dai punti che sono stati spiegati sopra, è chiaro quanto segue:

- ✓ Quando si fa un uncinetto singolo, lavorare sulla seconda catena ($^{2nd\,ch}$) dal gancio
- ✓ Quando si fa l'uncinetto doppio, lavorare al $4°^{ch}$ dal gancio.
- ✓ Quando si lavora su un mezzo uncinetto doppio, lavorare sul $3°^{ch}$ dal gancio.

✓ Dovreste lavorare sulla 5° catena quando lavorate all'uncinetto.

Potresti dover fare la rana e tornare indietro se metti l'amo nel punto sbagliato!

CAPITOLO 7

Alcuni altri punti e come realizzarli

Come fare un cerchio magico

Un anello magico è anche chiamato anello magico.

Per i pezzi all'uncinetto che iniziano con una base rotonda, puoi iniziare con un anello magico. Gli anelli magici sono usati per i quadrati della nonna e gli amigurumi.

Passo 1: per i destri. Avvolgi il cappio intorno alle dita della mano sinistra in senso orario. Il tuo palmo dovrebbe essere rivolto verso di te e la coda del filo a sinistra, mentre la lunghezza maggiore del filo dovrebbe essere a destra (in qualche modo dietro il tuo palmo).

I mancini possono usare la mano destra per questo passo iniziale. Avvolgi il cappio intorno alle dita in senso orario.

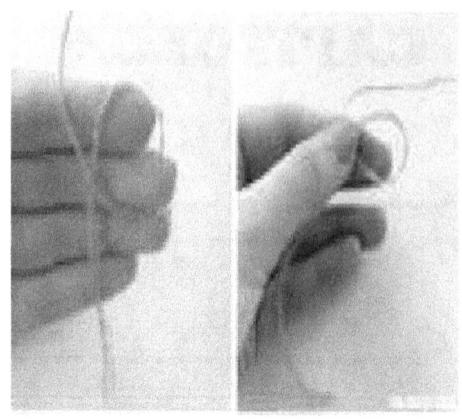

Wilmade.com

Fase 2: nel punto di intersezione del filo, fate uscire un cappio con le dita o con il gancio.

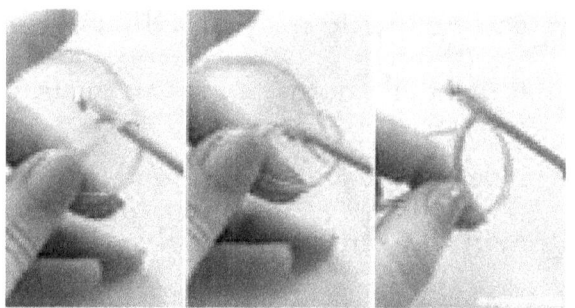

Wilmade.com

Passo 3: inserire il gancio nell'occhiello e fare un punto catenella

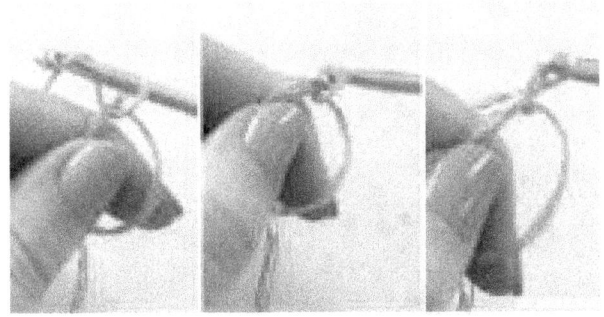

Wilmade.com

Passo 4: Intorno all'anello, fate un uncinetto singolo. (sei o sette punti potrebbero essere sufficienti per tenerlo fermo e per evitare di avere dei buchi)

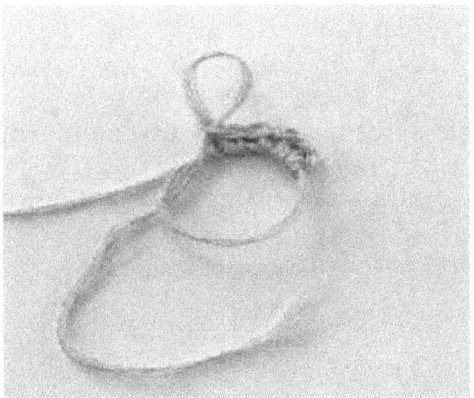

Wilmade.com

Passo 5: tira la coda del filo per stringere il tuo lavoro fino a quando non c'è più un buco.

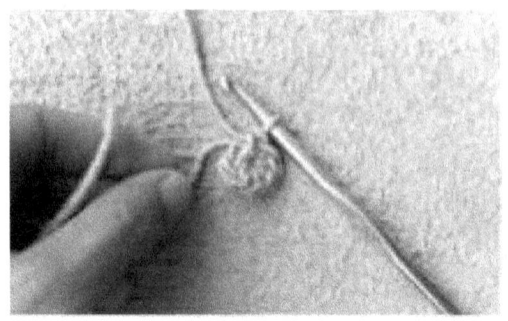

Mybluprint.com

Passo 6: Attaccare all'anello, un punto slip.

Passo 7: Con un ago da uncinetto, intrecciate la coda del filo in modo che quello che avete appena fatto non si allenti.

Ora sapete che si chiama solo un ciclo magico, non c'è nessuna magia nella sua realizzazione - solo alcuni trucchi che avete appena imparato.

Come fare un punto a sbuffo (Puff St)

Il punto a sbuffo all'uncinetto e il punto bobble all'uncinetto significano essenzialmente la stessa cosa. Ha bolle spesse e soffici su entrambi i lati del pezzo all'uncinetto. Quindi, è adatto a lavori che mostreranno entrambi i lati quando vengono usati. La vostra conoscenza del mezzo doppio uncinetto è vitale qui, quindi se l'avete saltato nel capitolo precedente, per favore tornateci. È anche importante che tu padroneggi i punti di base perché questo punto può essere un po' complicato a causa dei molti anelli coinvolti.

Passo 1: Fare una catena di base

Passo 2: Inserire il gancio in ch 4 (quarta catena)

Passo 3: Assicurandosi di non tirare ancora il filo attraverso i cappi, YO in modo da avere 3 cappi sul vostro gancio.

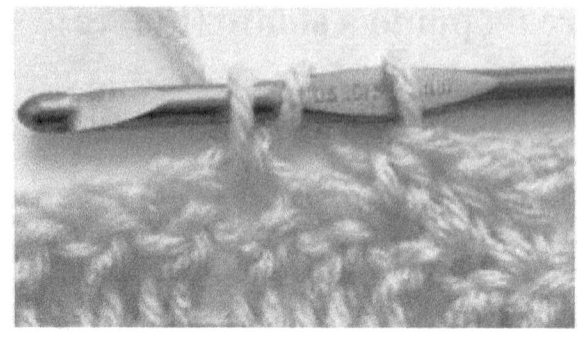

Yarnspirations.com

Fase 4: Ripetete il processo di rigiro del filo e poi fissate l'amo attraverso la stessa catenella.

Passo 5: YO e tirate su l'amo in modo da creare 5 anelli sull'amo.

Passo 6: Ripetere i passi 4 e 5 per fare il numero necessario di loop.

Yarnspirations.com

NOTA: L'illustrazione qui sopra ha 11 anelli.

Passo 7: YO, ma questa volta tira il filo su tutti i cappi per creare il tuo primo punto a sbuffo.

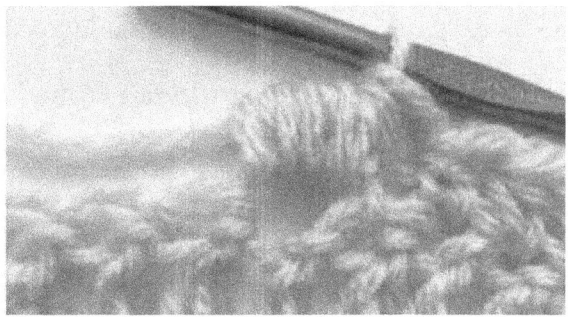

Yarnspirations.com

Passo 8: Fai un sc (uncinetto singolo) per evitare che il tuo punto a sbuffo cada mentre crei lo spazio per procedere con il punto sulla riga successiva.

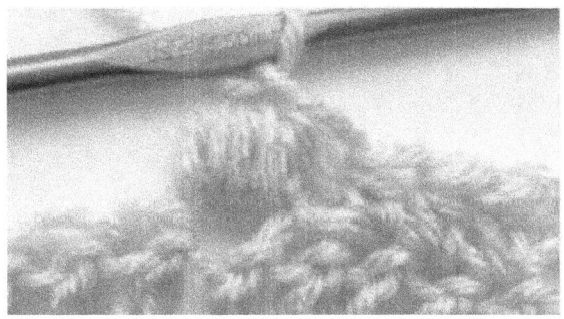

Yarnspirations.com

Passo 9: Potresti decidere di lavorare un secondo punto a sbuffo sulla fila; tutto quello che devi fare è saltare una catena e inserire l'amo nella catena successiva.

Passo 10: per continuare a lavorare punti a sbuffo su quella stessa fila, ripetere il passo 9

Passo 11: Girate la vostra parola sul lato opposto per lavorare sulla prossima fila (girando la catena 3)

Passo 12: Ricordate lo spazio nel passo 8? Ora è il momento di usarlo. Lavorate un punto a sbuffo in esso.

Passo 13: questa volta non saltate nessuna catena. Continuate a lavorare i punti a sbuffo per tutta la fila.

Passo 14: Passare alla riga successiva e continuare a lavorare i punti a sbuffo per completare il numero di righe richiesto.

Come chiudere un pezzo di lavoro all'uncinetto

C'è un cappio appeso al gancio quando l'ultimo punto di un pezzo all'uncinetto è stato fatto. Per fissarlo in modo sicuro ed evitare che il pezzo all'uncinetto si strappi, fate così:

Passo 1: Sul filo appeso al pezzo, misurare circa sette pollici e tagliare.

Fase 2: Riempire il filo.

Passo 3: Tirare tutto il filo attraverso il cappio. Tiralo bene e intreccialo attentamente nel pezzo con un ago da filato.

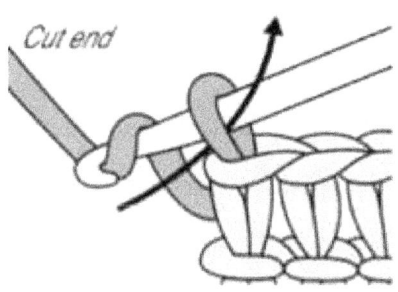

Dummies.com

CAPITOLO 8

Uncinetto per mancini

Quando si tratta di lavori manuali come l'uncinetto, i mancini non sono affatto svantaggiati. Beh, forse tranne per il fatto che la maggior parte delle istruzioni per l'uncinetto sono scritte pensando ai destri.

Mentre un crocheter destro terrà l'amo con la mano destra e userà la mano sinistra per il filo, un crocheter mancino terrà l'amo con la mano sinistra e manovrerà il filo con la mano destra.

Un crocheter mancino può anche decidere per la presa a matita o a coltello nel maneggiare l'amo.

Nell'uncinetto per mancini, il crocheter segue le stesse istruzioni di un crocheter per destri; deve solo lavorare nella direzione opposta.

Questo significa anche che un destrimano che sta leggendo le istruzioni per i mancini può anche seguire le stesse istruzioni ma lavorando in direzioni opposte.

Come la mano sinistra e la mano destra farebbero un punto singolo all'uncinetto.

	Mancino	Destro
Passo 1	Lavorate la catena di base fino ad ottenere una lunghezza di cui siete soddisfatti.	Lavorate la catena di base fino ad ottenere una lunghezza di cui siete soddisfatti.
Passo 2	Spingete l'amo nella seconda catena, cioè al lato destro dell'amo.	Lascia che il tuo gancio vada nel prossimo punto di catena
Passo 3	YO, e poi tirate il filo attraverso il vostro cappio. Questo formerà 2 loop sull'amo.	YO, e poi tirate il filo attraverso il vostro cappio. Questo formerà 2 loop sull'amo.
Passo 4	Attraverso i 2 passanti,	Attraverso i 2 passanti,

		ripassare il filo sull'uncino per creare il primo uncinetto singolo.	ripassare il filo sull'uncino per creare il primo uncinetto singolo.
Passo 5		Fai passare il tuo gancio nella catena successiva	Fai passare il tuo gancio nella catena successiva
Passo 6		Ripeti i passi 3 e 4 per fare altri uncinetti singoli	Ripeti i passi 3 e 4 per fare altri uncinetti singoli

Ovviamente, si noterebbe che non c'è quasi nessuna differenza, tranne che per la direzione del movimento del filo. Come farà un crocheter mancino a rivestire il filo o a fare un punto doppio all'uncinetto?

Yarn Over e punto a doppio uncinetto per un crocheter mancino

1. *Filato sopra*

Passo 1: Vi ricordate come fare un nodo scorsoio, giusto? Fallo e inseriscilo nel tuo gancio.

Passo 2: Come mancino, devi tenere l'amo con la mano sinistra; quindi, usa questa stessa mano sinistra per fissare saldamente la coda del nodo scorsoio in modo che non si allarghi o si stringa.

Passo 3: Fai lo Yarn over come descritto in precedenza in questo libro, tuttavia, questa volta lo farai avvolgendo il filo dal retro del libro - in senso orario.

Un filato per un mancino

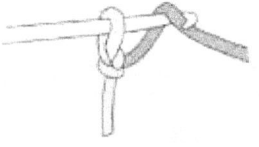

Dummies.com

Passo 4: portare il filo sopra il gancio per il numero di volte indicato per il modello.

2. *Punto doppio uncinetto*

Fase 1: fare la catena di base e rigirare il filo.

Leisurearts.com

Ricorda che come mancino, stai lavorando lontano dal tuo gancio da sinistra a destra.

Passo 2: Lasciate che l'uncinetto entri nella ^{quarta} catena dal gancio verso il lato destro.

Fase 3: rigirare il filo e far passare il filo attraverso il cappio per formare tre cappi sull'amo.

Leisurearts.com

Passo 4: YO e far passare il filo attraverso i primi 2 anelli dell'amo.

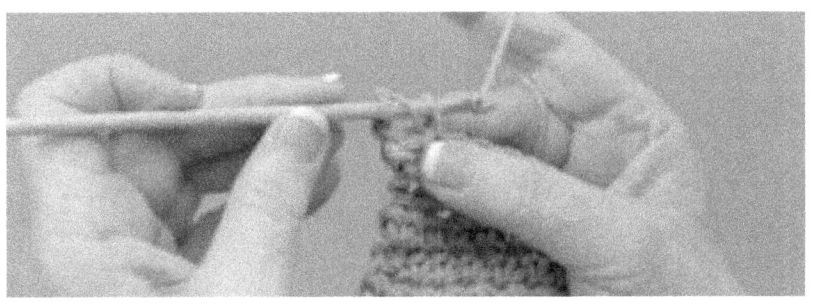

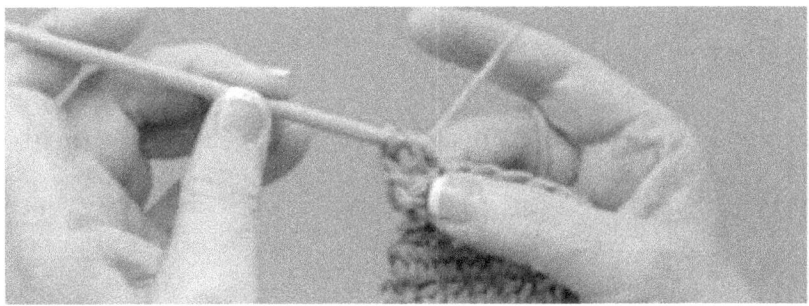

Leisurearts.com

Passo 5: A questo punto dovrebbero essere evidenti 2 cappi sul vostro uncino. La prossima cosa da fare è lo YO, tirare il filo per passare attraverso entrambi questi cappi; poi avrai il tuo primo punto a doppio uncinetto.

Leisurearts.com

Fase 6: Filato sopra

Passo 7: Fate passare il gancio attraverso il punto successivo. Ripetete i passi 3-6 fino a quando non avete finito quella fila.

Leisurearts.com

Passo 8: Girate il vostro pezzo all'uncinetto quando volete lavorare alla prossima fila. Catena 3 (tre punti per la catenella di svolta) e filato sopra.

Passo 9: Ignora il primo punto di quella fila che è direttamente sotto la catena di svolta e poi lascia andare il tuo gancio nel punto successivo.

Leisurearts.com

Passo 10: In questo punto, creare un doppio uncinetto.

Fase 11: Rivestire il filo e lavorare a doppio uncinetto per i punti rimanenti (eccetto l'ultimo punto) su quella fila.

Passo 12: Infine, lasciate che l'ultimo punto vada nella catenella di svolta della fila precedente.

Leisurearts.com

Come capire i modelli all'uncinetto per mancini

Le linee guida scritte possono essere usate per fare schemi semplici, ma bisogna assicurarsi di lavorare nella direzione opposta. Questo potrebbe non funzionare per schemi piuttosto complessi, come il filet e l'uncinetto colorwork, dove gli schemi stessi devono essere invertiti in modo che il crocheter non ottenga il w

o hanno un'immagine invertita. Questo potrebbe non essere applicabile per immagini con un numero uguale di lati).

Grafico tipico del filetto

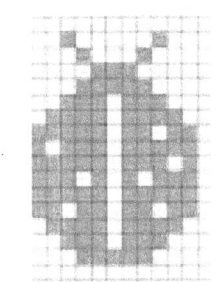

Interweave.com

Come stabilito in precedenza, per un destrimano è necessario lavorare le file dispari e pari nella forma opposta a quella stabilita per un mancino.

Per quanto questo possa essere difficile, alcune persone possono semplicemente immaginarlo nella loro testa e procedere all'uncinetto e fare pochi o nessun errore. Questo non è vero per tutti.

Questi due consigli potrebbero essere utili per i mancini che maneggiano l'uncinetto filet o colorwork:

1. Per i modelli scritti. Passare attraverso lo schema e segnare le direzioni. Sottolineale o asteriscale per ricordarti quando arrivi a quei punti che devi fare proprio il contrario di quello che dice l'istruzione.
2. Per i modelli di immagini o filetti: Capovolgi l'immagine sul tuo dispositivo per ottenere la sua immagine speculare e lavora con essa. (Ricordi come ottieni le immagini speculari delle tue foto sul tuo telefono, giusto?)

Immagine reale

Skiptomylou.org

Capovolgendo lo schema di cui sopra si ottiene qualcosa del genere:

Skiptomylou.org

CAPITOLO 9

Alcuni modelli all'uncinetto

Si è acquisita così tanta conoscenza, sarete d'accordo. È il momento di imparare a lavorare questi schemi.

***Si prega di notare che l'autore non prende credito per questi modelli. Le citazioni necessarie sono state fatte. ***

Inizieremo con quelli semplici.

La coperta per bambini Junebug stitch sampler.

Questo modello è stato realizzato da _Laura Piantanida_ per allfreecrochet.com

Abbiamo scritto il significato di alcune abbreviazioni usate per una migliore comprensione del principiante, mentre ne abbiamo lasciate alcune in modo che il principiante possa cercare di capirlo. (Controllate i capitoli precedenti per saperne di più).

Secondo il suo modello, avrete bisogno di:

1. aL/11 o 8 mm di amo.

2. Peso del filato: (6) Super Bulky/Super Chunky (4-11 punti per 4 pollici)

3. Scartamento all'uncinetto: 7 sc - 8 righe = 4" (10 cm)

4. Un ago da filato (per tessere le estremità)

5. Due matasse Bernat Blanket Yarn - Salmon Sand Variegated (10.5 oz. / 300 g)

Quando hai finito, la dimensione della tua coperta dovrebbe essere circa 34" per 40" [86,5 cm x 101,6 cm].

Istruzioni per l'uncinetto

1. Ch 51 (Iniziare facendo 51 punti di catena).
2. Per la riga 1: Sc (uncinetto singolo) nella seconda catena dal gancio, uncinetto singolo in ogni punto attraverso. Ch 1, girare. (50 sc)
3. Per la riga 2: Hdc nel primo punto e in ogni punto attraverso. Girando la catena 2.
4. Riga 3: Fare un doppio punto all'uncinetto nel primo punto e in ogni punto attraverso. Ch 3, girare.
5. Riga 4: Treble crochet nel primo punto e in ogni punto attraverso. Ch 2, girare.
6. **Riga 5:** Doppio uncinetto nel primo punto e in ogni punto attraverso. Ch 1, girare.
7. Riga 6: Fare un mezzo doppio uncinetto nel primo punto e in ogni punto attraverso. Ch 1, girare.
8. Riga 7: Uncinetto singolo nel primo punto e in ogni punto attraverso. Ch 1, girare.
9. Ripetere le file 2-7 sei volte.
10. Se vuoi aggiungere un bordo (ma è facoltativo), non tagliare ancora il filo.

Bordo (opzionale)

Dopo che il tuo filo è saldamente attaccato alla fine dell'ultima fila, vuoi lavorare in senso antiorario, ch 1 e lavora un giro di *sc, ch 1* uniformemente intorno al bordo esterno della coperta. Unitevi con un punto scorsoio all'ultimo punto singolo all'uncinetto. Fissare il tutto intrecciando le estremità.

[Nei punti a uncinetto singolo e a mezzo uncinetto doppio, o ch 1 o sc nel punto. In dc, si fa sc, ch 1 o ch 1, sc. In tr si fa sc, ch 1, sc, o ch 1, sc, ch 1].

Allfreecrochet.com

Il modello qui sopra è stato fornito da Allfreecrochet. Questo e altri modelli sono disponibili su www.allfreecrochet.com

Come fare una sciarpa all'uncinetto per principianti.

Da Amy SolovayOf Thesprucecrafts.Com

Il progetto

Anche se questo potrebbe essere molto semplice e ci si aspetta che sia completato rapidamente, tuttavia, potrebbe richiedere più tempo a causa del tuo livello di abilità o dell'indicatore che decidi di usare.

- Tempo di lavoro stimato: 3 ore
- Livello di abilità: Principiante

I punti all'uncinetto coinvolti

Fondamentalmente sono necessari 2 punti all'uncinetto per questo schema: il punto catenella e il punto singolo all'uncinetto. Non li hai ancora imparati? Per favore, fai pratica con quelli prima di tornare a questo schema.

Cosa ti serve per il progetto

- Uncinetto, taglia K
- Ago da ricamo

- 5 once/150 grammi di filato pettinato

Dimensione della sciarpa finita

Questa sciarpa misura 84 pollici (sette piedi) di lunghezza per quattro pollici di larghezza. Le sciarpe possono effettivamente avere dimensioni diverse e questo non impedisce loro di fare ciò che volete. Quindi, non preoccupatevi se la vostra misura non è esattamente la stessa di questa.

Calibro

Otto punti singoli all'uncinetto = tre pollici.

Non iniziare subito a lavorare all'uncinetto, controlla prima il tuo calibro. Per fare questo, fate un campione all'uncinetto che misuri almeno quattro pollici quadrati (più grande è meglio). Fai il campione in punto singolo all'uncinetto usando lo stesso filato e lo stesso uncinetto che userai per fare la sciarpa all'uncinetto. Misurate i tre pollici centrali del campione per vedere quanti punti per pollice state lavorando con quella particolare combinazione di gancio e filato.

Se hai più di otto punti per tre pollici, significa che i tuoi punti sono più piccoli del previsto e la tua sciarpa sarà più piccola dell'esempio. Prova a fare un nuovo campione con un uncinetto più grande.

Allo stesso modo, se trovate che avete meno di otto punti per tre pollici, significa che i vostri punti sono più grandi del previsto e la vostra sciarpa rischia di risultare molto più lunga del previsto; potreste anche finire il filato perché punti più grandi consumeranno più filo e vi faranno una sciarpa più grande. Prova a fare un nuovo campione con un uncinetto più piccolo.

Istruzioni per la sciarpa all'uncinetto

Misurate una lunghezza di filato di sei pollici o più; lasciate questa lunghezza non lavorata e fate un nodo scorsoio dopo quel punto. Poi, fate una catena di base di 224 punti di catena.

Consiglio: per evitare di confondersi facilmente, usa dei marcatori di punti per segnare ogni dieci o venti punti che fai.

Prima riga: lavora un punto singolo all'uncinetto nella seconda catena dal tuo gancio.

Dopo aver fatto la catena di base, dovreste avere un occhiello rimasto sul vostro gancio. Non contate questo cappio. Iniziate a contare con la prima catena dopo il cappio.

Lavorare punti singoli all'uncinetto lungo tutta la catena di base. Lavora un punto singolo all'uncinetto in ogni punto della catena fino a raggiungere la fine della fila. Quando arrivi alla fine, dovresti avere un totale di 223 punti singoli all'uncinetto. Assicurati di usare i tuoi marcatori di punti.

Poi, lavorate all'uncinetto una catenella alla fine della fila per usarla come catenella di svolta. Poi, girate il vostro lavoro orizzontalmente in modo da poter lavorare di nuovo attraverso il pezzo.

Seconda riga: Quando guardi la parte superiore della riga di punti singoli all'uncinetto che hai appena fatto, vedrai che ogni punto ha due asole nella parte superiore. Mentre continui a lavorare i punti a uncinetto singolo, usa questi due anelli insieme.

Ora, lavorando attraverso entrambi i loop, lavorate un punto singolo all'uncinetto nell'ultimo punto singolo all'uncinetto che avete fatto nella prima riga. Continuate a lavorare un punto singolo all'uncinetto in ogni punto singolo all'uncinetto. Fate così per tutta la fila.

Contate i vostri punti per essere sicuri di avere 223 punti in quella fila. Dovresti usare dei marcatori di punti in modo da avere il numero corretto di punti. Questo è molto importante per un progetto di successo.

Lavorate un punto di catena alla fine della fila e girate il lavoro in modo da poter lavorare di nuovo dall'altra parte.

Dalla terza riga in su: Ripetete la seconda riga fino a quando la vostra sciarpa è della larghezza desiderata. Quando lavorate l'ultima riga all'uncinetto, *non lavorate una* *catenella dopo*, perché ora è il momento di finire il vostro lavoro invece di girarlo e continuare.

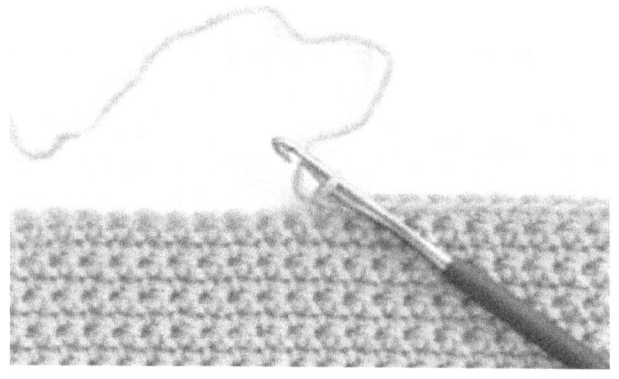

Thesprucecrafts.com

Come finire la sciarpa

Misurare circa 7 pollici fino alla fine del pezzo all'uncinetto e tagliare il filo. Avvolgete la lunghezza di filo tagliata intorno al vostro gancio e tiratela attraverso l'ultimo anello del gancio. Fatelo un po' stretto. Intrecciare le estremità con un ago da uncinetto. Dopo aver intrecciato le due estremità, puoi indossare la tua sciarpa o regalarla!

Thesprucecrafts.com

Il modello di cui sopra è stato ottenuto da The Spruce Crafts. Questo e altri modelli sono disponibili su https://www.thesprucecrafts.com/easy-basic-crochet-scarf-pattern-979069

Ora, passiamo a un livello di difficoltà superiore.

Fare un cuscino a fiocco di neve all'uncinetto

Questo disegno è di Nancy Anderson e proviene da Yarnspirations.

La fodera del cuscino è stata lavorata all'uncinetto separatamente e il motivo del fiocco di neve è stato anche lavorato all'uncinetto separatamente poi, entrambi sono stati cuciti sul posto.

Di cosa avrete bisogno:

- ✓ RED HEART® With Love®: 3 matasse 1623 Mallard A; 1 matassa 1101 Eggshell B Susan Bates
- ✓ Uncino: 6,5 mm [US K-10½ per il cuscino; 9 mm [US N-13] per il fiocco di neve.
- ✓ Ago per filati,
- ✓ Marcatore di punti
- ✓ Ago da cucire

- ✓ Filo da cucire abbinato
- ✓ 18" (45,5 cm) x 18" (45,5 cm) inserto a forma di cuscino polifunzionale

Calibro: Con 2 fili di A tenuti insieme come uno solo e gancio più piccolo, 10¾ punti e 11¾ righe = 4" (10 cm) in sc.

CONTROLLA IL TUO INDICATORE.

Utilizzate un gancio di qualsiasi misura per ottenere il calibro.

Il copricuscino finito dovrebbe misurare 16" (40,5 cm) di larghezza x 18" (45,5 cm) di altezza.

Picot: Catena 3, punto slip nella terza catena dal gancio.

La tecnica dell'anello regolabile

Tieni il filo a pochi centimetri dalla fine e avvolgilo intorno a due dita. Inserisci il tuo gancio nell'avvolgimento delle dita e tira su un anello. Ch 1, togliete il cappio dalle dita e lavorate i punti del primo giro nell'anello. Stringere l'anello tirando la coda del filo.

Punti da notare

Per ottenere una finitura liscia e solida, lavora la fodera del cuscino in tondo con il filo raddoppiato in tondi non uniti.

La larghezza ha una facilità negativa di 2" (5 cm). Misura 2" [5 cm] più corta della forma del cuscino per una vestibilità stretta e ferma. Tieni l'inserto del cuscino a portata di mano per controllare la vestibilità.

Cambia la dimensione della fodera del cuscino aggiungendo o sottraendo catene e giri iniziali come vuoi.

Per il motivo del fiocco di neve, lavoralo separatamente in giri uniti con il filo tenuto raddoppiato. Cucilo alla parte superiore del cuscino usando un filo per cucire adatto e un ago da cucito appuntito.

COME FARE LA COPERTINA

Catena 86 con un gancio più piccolo e 2 fili di A tenuti insieme come uno solo. Senza attorcigliare la catena, unire con un punto slip nella prima catena.

Giro 1: Ch 1, sc in ogni ch intorno, non unire-86 sc. Lavorare a spirale. Posizionare un marcatore di punti nel primo punto e spostare il marcatore verso l'alto man mano che il lavoro procede.

Giro 2-57: Sc in ogni punto intorno. Fissare, lasciando una lunghezza di cucito. Gira la copertura al rovescio e chiudi 1 estremità con il punto a frusta. Gira la copertura al rovescio, inserisci la forma del cuscino e chiudi l'estremità a punto metallico.

Mettete il coperchio da parte.

COME FARE IL MOTIVO DEL FIOCCO DI NEVE

Con B, fare un anello regolabile.

Giro 1: Ch 4 (conta come dc, ch 1 qui e in tutto), [dc, ch 1] 11 volte nell'anello, unirsi con un punto slip nella terza catena di inizio ch-4-12 spazi ch-1.

Giro 2: Punto slip nel prossimo spazio ch-1, ch 3 (conta come dc qui e in tutto), 2 dc nel prossimo spazio ch-1, *ch 2, dc nel prossimo spazio ch-1, 2 dc nel prossimo spazio ch-1; ripetere da * 5 volte, ch 2, unire con un punto slip in cima all'inizio ch-3-6 spazi ch-2.

Giro 3: Ch 3, dc nel prossimo punto, *2 dc nel prossimo punto, (dc, ch 3, dc) nel prossimo spazio ch-2**, dc in ognuno dei prossimi 2 punti, 2 dc nel prossimo punto; ripetere da * intorno, finendo l'ultima ripetizione a **, unirsi con un punto di scorrimento in cima all'inizio ch-3-6 spazi ch-3.

Giro 4: Ch 4, [salta il prossimo punto, dc nel prossimo punto, ch 1] due volte, *(dc, ch 3, dc) nello spazio ch-3**, [ch 1, salta il prossimo punto, dc nel prossimo] 3 volte; ripetere da * intorno, terminando l'ultima ripetizione a **, unirsi con un punto slip in cima all'inizio ch-3-6 spazi ch-3; 24 spazi ch-1.

Giro 5: Ch 3, [dc nel prossimo spazio ch-1, dc nel prossimo dc] 3 volte, *dc nel prossimo spazio ch-3, ch 7, sc nel 2° ch dal gancio, sc in ognuno dei prossimi 6 ch (parlato fatto), dc nello stesso spazio nel Round 4**, [dc nel prossimo dc, dc nel prossimo spazio ch-1] 4 volte, dc in dc; ripetere da * intorno, terminando l'ultima ripetizione a **, dc nel prossimo dc, dc nel prossimo spazio ch-1, unirsi con un punto slip in cima all'inizio ch-3-6 raggi.

Giro 6: Ch 3 (conta come hdc, ch 1), [salta il prossimo punto, hdc nel prossimo punto, picot, ch 1] 3 volte, salta il prossimo punto, * salta il primo ch del raggio, slip st nel prossimo ch, slip st nei prossimi 4 chsts del raggio, [ch 4, hdc nel 2° ch dal gancio, hdc nei prossimi 2 ch, slip st nella parte centrale superiore del raggio] due volte, lavorando sul lato opposto del raggio, slip st in ciascuno dei prossimi 4 sc**, [ch 1, saltare il prossimo punto, hdc nel prossimo picot st, ch 1] 5 volte, saltare il prossimo punto; ripetere da * intorno, terminando l'ultima ripetizione a **, ch 1, saltare il prossimo punto, hdc nel prossimo, picot, ch 1, saltare il prossimo punto, slip st al 2 ° ch di inizio ch-3, picot, slip st nel primo ch-1 sp.

Fissare il motivo intrecciando le estremità.

Come procedere per la finitura.

Per dare forma al fiocco di neve, inumidiscilo fino a renderlo umido. Stenderlo su un cartone e appuntarlo. Dopo che il motivo è asciutto, centrarlo e appuntarlo sul cuscino. Cucire il motivo del fiocco di neve al cuscino intorno ai bordi con un filo per cucire e un ago per cucire adatti.

Significato delle abbreviazioni usate.

A, B = colore A, B

ch = catena

dc = doppio uncinetto

hdc = mezzo doppio uncinetto

sc = uncinetto singolo

st(s) = punto(i)

() = lavorare le direzioni tra parentesi nello stesso punto

[ ] = direzioni di lavoro tra parentesi il numero di volte specificato

* = ripetere ciò che segue il * come indicato.

Yarnspirations. com

Il modello qui sopra è stato fornito da Yarnspirations. Questo e altri modelli sono disponibili su

https://www.yarnspirations.com/row-en/red-heart-snowflake-pillow/RHC0520-020143M.html

www.ingramcontent.com/pod-product-compliance
Lightning Source LLC
Chambersburg PA
CBHW071502080526
44587CB00014B/2192